Albert Mantel

Theologie am Nachmittag:
die Bibel lesen und deuten

TVZ

ALBERT MANTEL

THEOLOGIE AM NACHMITTAG:
DIE BIBEL LESEN UND DEUTEN

EDITION **NZN**
BEI **TVZ**
Theologischer Verlag Zürich

IMPRESSUM

Bibliografische Informationen der Deutschen Nationalbibliothek
Die Deutsche Nationalbibliothek verzeichnet diese Publikation
in der Deutschen Nationalbibliografie; detaillierte bibliografische
Daten sind im Internet über http://dnb.d-nb.de abrufbar.

ISBN 978-3-290-20065-7

Umschlaggestaltung: Simone Ackermann, Zürich
Aquarelle (Umschlag, Textteil): Albert Mantel (verkäuflicher
Privatbesitz)
Satz und Layout: Mario Moths, Marl
Druck: ROSCH Buch GmbH, Scheßlitz

© 2010 Theologischer Verlag Zürich
www.tvz-verlag.ch

INHALT

ZUR EINFÜHRUNG

Im Allgemeinen bezeichnet man Christentum, Judentum und Islam als Buchreligionen. Und das aus dem einfachen Grund: Alle drei nennen ein «heiliges Buch» ihr Eigen, auf das sie ihren Glauben gründen. Das stimmt beim ersten Hinsehen. Und doch gibt es einen Unterschied: Judentum und Islam verehren das Buch an sich. In der Synagoge (griechisch für «Versammlung») werden in einem heiligen Schrein die Buchrollen aufbewahrt, die für den Gottesdienst gebraucht werden. Die Moschee (arabisch für «Anbetungsort») kennt zwar keinen solchen Aufbewahrungsort für den Koran. Aber der Koran ist für den Muslim das Wort für Wort von Mohammed am Himmel geschaute und dann aufgezeichnete Wort Gottes, aus dem sich auch das islamische Recht mit göttlicher Autorität ableitet.

Nach eigenen Angaben glaubt Mohammed, dass ihm Gott die Suren durch den Engel Gabriel während der Jahre 612–632 geoffenbart habe. Die Forschung weiss inzwischen, dass darin viele Entlehnungen aus dem Judentum und christlichen Traditionen eingearbeitet sind. Nach Mohammeds Tod lagen verschiedene Fassungen und Sortierungen einzelner Suren vor. Unter Kalif ʿUtmān ibn ʿAffān (644–656) wurde die bis heute erhaltene Form des Koran festgeschrieben, die allerdings, weil die arabische Schrift noch im Entstehen war, weiterhin unterschiedliche Lesarten zulässt.

Wegen dieser Auffassung der Wortinspiration, zu der im vorliegenden Buch noch Stellung bezogen wird, ist es für den modernen Islam viel schwieriger, den Koran einer historisch-kritischen Exegese (Auslegung, Deutung, Verstehenshorizont) zu unterziehen, wie wir das heute bei der Lektüre und Auslegung der Bibel tun. In den christlichen Kirchen gibt es ebenfalls keinen speziellen Ort für die Aufbewahrung der Hl. Schrift und keinen besonderen kultischen Umgang mit der Bibel. Der katholische Gottesdienst kennt lediglich einen Inzens (Beweihräucherung) und den Kuss des Evangeliars. Wichtiger ist der Abendmahlstisch oder der Altar. So ist das Christentum *nicht* eine Buchreligion wie die anderen, obwohl sie ihre Heilige Schrift ebenfalls als von Gott inspiriert ansieht.

Aus dieser Feststellung ergibt sich aber die Notwendigkeit, mit der Bibel umzugehen wie mit einem Buch, das sich nicht aus sich selbst erschliesst. Die Bibel hat eine Zeit, in die hinein sie geschrieben worden ist, sie hat eine Geschichte, in der sie Bearbeitungen und Redaktionen durchmachen musste, aber sie ist nicht nur ein Museum, worin diese beiden Linien sich abzeichnen, sondern sie ist «Gebrauchsgegenstand» für das Leben einer jeden Christin und eines jeden Christen.

Vor diesem Hintergrund weist der Band, den Sie in Händen halten, auf ein doppeltes Anliegen hin: Zuerst soll gezeigt werden, wie die Bibel entstanden ist und wie es zur Kanonbildung kam, d. h. wie es dazu kam, dass gewisse Schriften aus Israel und gewisse Schriften der Jesus-Bewegung als für die jeweilige Glaubensgemeinschaft konstitutiv und andere als nicht konstitutiv erachtet wurden. Darauf folgt ein kurzer Überblick über die verschiedenen Weisen der Bibelauslegung – es geht über die als Schriftsinne bezeichneten Deutungsrahmen, in denen die biblischen Texte aufgespannt werden. Es schliessen sich Überlegungen zum Inhalt an, die bis heute eine Grundproblematik der Bibel beleuchten: Blättern wir nämlich an verschiedenen Stellen in der Bibel, stellen wir fest, dass es offenbar kein einheitliches Gottesbild gibt. Es begegnet ein fürsorglicher, sein Volk führender Gott gleich neben einem Gott, der Versuchungen auferlegt oder gar zürnt und straft. Bemerkenswert ist, dass die unterschiedlichen Gottesbilder sowohl im Neuen als auch im Alten Testament vorkommen. So drängt sich die Frage auf, ob es ein Gottesbild gibt, das Jesus bevorzugt verkündigte – ist die Verkündigung Jesu doch für Christen jene mit der höchsten Autorität.

Dieses kleine Buch ist kein Bibelkommentar. Es möchte aber dafür werben, mit der Bibel in Kontakt zu kommen: sie zu lesen, sich und die Geschichte zu hinterfragen, sich trösten zu lassen, Mut zu schöpfen und sich im wörtlichen Sinn begeistern zu lassen. Und es will Ermunterung und Warnung zugleich sein, die Offenheit des Wirkens Gottes durch das biblische Wort nicht einzuschränken durch Ablehnung oder Verabsolutierung bestimmter Deutungsmuster und Interpretationsmöglichkeiten; denn Gottes Offenbarung endet nicht mit dem letzten Kapitel der Bibel, sondern setzt sich fort bis heute, auch beim Lesen und Auslegen der Heiligen Schrift.

Ich möchte wiederum dem Lektor der Edition NZN bei TVZ, Herrn Markus Zimmer, für wertvolle Hinweise und Ergänzungen sowie für die gute Zusammenarbeit danken, dem Verlag für die sorgfältige Gestaltung auch dieses zweiten Bändchens und der Römisch-katholischen Körperschaft des Kantons Zürich für die finanzielle Ermöglichung der Publikation.

Herbst 2010   *Albert Mantel*

DIE BIBEL ALS BUCH

Die meisten Christen haben zu Hause eine Bibel, möglicherweise sogar mehrere Ausgaben, die sich nicht nur in der Ausstattung unterscheiden, sondern auch im Text selbst, vielleicht sogar eine andere Reihenfolge im Alten Testament kennen.

Das Alte oder Erste Testament ist zum grössten Teil in hebräischer Sprache geschrieben, einige Bücher auf Griechisch. Das Neue Testament wurde ganz in griechischer Sprache abgefasst. Es folgten bald Übersetzungen in verschiedenste Sprachen. Die erste bis heute wichtige ist die lateinische Übersetzung, «Vulgata» genannt, von Hieronymus im 3. Jahrhundert angefertigt. Inzwischen ist die Bibel in über 1000 Sprachen

übersetzt und das am meisten verbreitete Buch der Welt, auch das wissenschaftlich wohl am besten erforschte alte Buch. Die Bibel ist die Grundlage unseres Glaubens. Sie wurde im Lauf der Jahrhunderte immer wieder ausgelegt durch Theologen, Bischöfe und Konzilien, mit anderen Worten durch die kirchliche Überlieferung oder Tradition.

Doch was ist die Bibel eigentlich? Wer hat sie geschrieben? Wie ist sie auf uns gekommen? Wie müssen wir uns ihre Entstehungsgeschichte vorstellen? Wie müssen wir sie lesen und verstehen? Diese Fragen sind nicht nur interessant, sondern auch für unseren Glauben bedeutsam. Jahrhundertelang hat man die Bibel einfach als «Wort Gottes» gelesen und verstanden. Man fasste jeden Satz darin als göttlich eingegeben (inspiriert) auf und verstand ihn auch wörtlich, so wie er da steht. Das hat sich seit der Bibelkritik der Aufklärung radikal geändert. Nun begann man die Bibel sorgfältiger zu untersuchen. Man verstand sie als Wort Gottes in menschlicher Gestalt. Immer mehr kam man zur Einsicht, dass in ihr vieles zeitbedingt ist. Was das im Einzelnen heisst, lehrt uns die historisch-kritische Lektüre der Bibel, die erst kürzlich von höchster kirchlicher Stelle als unabdingbare Methode der Bibelwissenschaft sanktioniert wurde.

Benedikt XVI. kritisiert zwar in seinem Buch «Jesus von Nazareth. Erster Teil. Von der Taufe im Jordan bis zur Verklärung» (Freiburg i. Br. 2007 u. ö.) die historisch-kritische

Methode, wenn sie als einziger Zugang zum Verständnis der Bibel verabsolutiert wird, doch stellte er in seiner Ansprache zum hundertjährigen Bestehen des Päpstlichen Bibelinstituts klar, dass die historisch-kritische Methode nicht nur legitim, sondern auch notwendig sei (vgl. http://www.vatican.va/holy_father/benedict_xvi/speeches/2009/october/documents/ hf_ben-xvi_spe_20091026_pib_ge.html).

Oft war im früheren Bibelunterricht gelehrt worden, die Bibel sei in all ihren Teilen und Sätzen «irrtumslos». Das hat zu vielen Merkwürdigkeiten und falschen Vorstellungen geführt. Denken wir etwa an den Fall Galilei oder an die grossen Diskussionen um die Schöpfungsgeschichte der Bibel im Gegenüber zur Evolutionstheorie von Charles Darwin. Heute ist man viel bescheidener geworden. Schon in meiner theologischen Ausbildung vor fünfzig Jahren lehrte man, dass die Bibel nur irrtumslos sei in Bezug auf das, was sie über «das göttliche Heil des Menschen» aussagt. Alles andere müsse man genau überprüfen und untersuchen, und zwar eben mit historisch-kritischen Methoden der Literaturwissenschaft und der Geschichtswissenschaft. Die Fundamentalisten und Biblizisten hingegen lesen die Bibel heute noch so, wie man sie vor vierhundert Jahren gelesen hat, sie akzeptieren von den genannten Zugangsmöglichkeiten nur den Literalsinn, der alles Geschriebene wörtlich nimmt, ohne den Kontext, in dem es verfasst wurde, oder das zugrunde liegende Welt-, Menschen- und Gottesbild zu bedenken.

Mehr zu den Arten, wie biblische Texte interpretiert werden können, im folgenden Kapitel über die Schriftsinne.

1. Verfolgen wir nun der Reihe nach die wichtigsten Ergebnisse der modernen Bibelwissenschaft. Als Erstes und Einfachstes wollen wir festhalten: Die Bibel ist eigentlich nicht *ein* Buch, wie etwa Gottfried Kellers «Grüner Heinrich» *ein* Roman ist, der von A bis Z von Gottfried Keller geschrieben wurde. Die Bibel beider Testamente ist vielmehr eine Büchersammlung, die erst im Lauf der Jahrhunderte zu einem Buch komponiert worden ist. Diese für uns so wichtige Büchersammlung enthält je nach Zählung 72 oder 73 eigenständige Bücher, die von den verschiedensten Autoren oder Redaktoren zu unterschiedlichen Zeiten geschrieben wurden. Im Allgemeinen nimmt man heute an, dass die Abfassungszeit sich vom Jahr 1000 vor unserer Zeitrechnung etwa bis ins Jahr 120 nach unserer Zeitrechnung erstreckte. Damit ist auch deutlich, dass sie verschiedene kulturelle Epochen des vorderen Orients widerspiegelt, was bei der Deutung und Auslegung zu berücksichtigen ist. So beobachten wir etwa eine starke Wandlung im Gottesbild, wenn wir den Kriegsgott vieler alttestamentlicher Stellen mit dem barmherzigen Vatergott vergleichen, den Jesus gelehrt hat.

2. Die einzelnen Bücher der Bibel gehören verschiedenen literarischen Gattungen an. Die wichtigsten

Gattungen sind: Geschichtsbücher oder historische Bücher, prophetische, poetische und Lehrbücher. Daneben gibt es Bücher, die in ihren Teilen verschiedene Gattungen vereinen.

Zu den Geschichtsbüchern im **Alten Testament** zählt man die fünf Bücher Mose, die jeweils zwei Richter-, Königs-, Samuel- und Makkabäerbücher, die Chroniken sowie die Bücher Josua, Richter, Esra, Nehemia und Ester. Daneben kennen wir die grossen (Jesaja, Jeremia, Ezechiel) und die zwölf kleinen Propheten (Hosea, Joël, Amos, Obadja, Jona, Micha, Nahum, Habakuk, Zefanja, Haggai, Sacharja, Maleachi). Zu den poetischen Büchern zählen die Psalmen, das Hohelied, aber auch die als Lehrbuch geltende Weisheit oder «Weisheit Salomos». Weitere Lehrbücher sind die Sprichwörter und das Buch Jesus Sirach, Kohelet, aber auch die vordergründig historischen Schriften Tobit und Judit. Nicht einer bestimmten oder einzigen Gattung zuweisen lassen sich Rut, Jiob, Baruch und Daniel.

Im Neuen Testament haben wir die vier Evangelien und die Apostelgeschichte als sozusagen geschichtliche Bücher zum Leben Jesu und der nachösterlichen Apostelzeit, dann zahlreiche Briefe: 13 Paulusbriefe, den Hebräerbrief, sieben so genannte katholische Briefe (Jakobus- und Judasbrief sowie zwei Petrus- und drei Johannesbriefe) – katholisch in der griechischen Bedeutung des Wortes: «allgemein», weil sie nicht an eine bestimmte Adressatenschaft gerichtet sind – und die Johannesoffenbarung.

Auch in den einzelnen Büchern gibt es oftmals ganz verschiedene literarische Gattungen. Am deutlichsten für uns ist das etwa in den Evangelien. Da haben wir Redestücke (etwa die Abschiedsreden Jesu im Johannesevangelium 13,31–17,26), Streitgespräche mit Schriftgelehrten, Wundergeschichten, Hymnen (z. B. das Magnifikat bei Lukas 1,46–55; das Benediktus bei Lukas 1,67–79; das Nunc dimittis bei Lukas 2,29–32; oder in den Briefen, etwa im Philipperbrief 2,5–11 und im Kolosserbrief 1,12–20), Reiseberichte, Genealogien (Stammbäume, vgl. Matthäus 1,1–17) und anderes mehr. Alle wollen ihrer literarischen Art gemäss gelesen und ausgelegt werden. Es ist selbstverständlich, dass man ein poetisches Buch «anders lesen» (verstehen) muss als einen historischen Bericht, wobei historische Berichte der Bibel wiederum etwas anderes sind als moderne Geschichtsschreibung. Auch «liest» man einen historischen Bericht anders als einen poetischen Hymnus. Man erwartet vom historischen Bericht, dass er ein Geschehen möglichst genau wiedergibt. Ein poetischer Hymnus drückt dagegen eine Stimmung oder eine Wahrheit in Bildern aus, die zu deuten sind. Das ist ganz ähnlich, wie wenn wir heute Zeitung lesen. Von einem Bericht über ein Ereignis erwarten wir möglichste Sachlichkeit. Der Kommentar dazu gibt dann die Meinung des entsprechenden Verfassers über das Geschehen wieder und allfällige Hintergrundinformationen. Den Wetterbericht lesen wir schliesslich anders als ein Gedicht Eichendorffs im Feuilleton, in dem ja in ganz anderer Weise auch vom Wetter die Rede sein kann. Schon diese erste Unterscheidung der verschiedenen literarischen Gattungen in der Bibel zeigt uns, wie vorsichtig man bei der Deutung eines Textes sein muss, wenn man wissen will, was er uns sagen möchte.

3. Doch nun kommt ein noch viel schwierigerer Punkt dazu. Die Bibeltexte stammen aus uns schon recht fernen Kulturen. Vor dreitausend und zweitausend Jahren lebten, dachten und empfanden die Menschen anders als wir heute. Zum richtigen Verständnis der Bibel ist es also wichtig, auch die Kulturen zu kennen, in denen sie entstanden ist und denen wir sie zu verdanken haben. Das biblische Umfeld, die politischen Verhältnisse, die wirtschaftlichen und sozialen Bedingungen der damaligen Zeiten wollen beim Lesen der Bibel berücksichtigt werden. Deshalb enthalten viele neuere Bibelausgaben ausführliche Anmerkungen dazu.

4. Ich muss nun noch auf etwas weiteres Wichtiges aufmerksam machen: Im Staatsarchiv des Kantons Zürich, in der Zentralbibliothek und ähnlichen Institutionen der modernen Welt werden kostbare Handschriften, oder genauer: Autographen von

Gottfried Keller, James Joyce und anderen Dichtern oder wichtigen Persönlichkeiten aufbewahrt. Wir können also jederzeit nachprüfen, was diese Männer oder auch Frauen geschrieben haben, und können das mit dem gedruckten Buch, das dann später herausgegeben wurde, vergleichen. Das ist bei der Bibel nicht möglich. Keine Bibliothek der Welt besitzt ein Blatt Papyrus oder Pergament, das von einem der biblischen Autoren selbst geschrieben worden wäre. Die kostbaren Handschriften, die wir von der Bibel haben, sind allesamt Abschriften.

Die meisten davon stammen aus dem Mittelalter, einige Papyrusfunde (aus den Jahren 1947–1956) in den Höhlen von Qumran sind älter, d. h. sie stammen teilweise aus dem 1. Jahrhundert n. Chr. Abschriften der biblischen Bücher haben wir nicht nur in den ursprünglichen biblischen Sprachen Hebräisch und Griechisch, sondern in den verschiedensten Sprachen der antiken Welt. Die Bibelwissenschafter haben in den letzten Jahrhunderten und Jahrzehnten diese Abschriften miteinander verglichen und so in mühsamer Arbeit jenen Text hergestellt, den wir heute als **authentisch** ansehen dürfen, also zuverlässig für die Verkündigung, die wissenschaftliche Auslegung, die Predigt. Dabei haben sie nicht nur Bibelhandschriften verglichen, sondern auch nachgesehen, wie die frühchristlichen Theologen, die wir Kirchenväter nennen, eine bestimmte Bibelstelle zitieren. Sowohl das hebräische Alte Testament wie auch das griechische Neue Testament geben unten an der Seite jeweils an, wo es in anderen Handschriften Abweichungen vom bevorzugten Text gibt. Der Exeget, so nennt man den Bibelwissenschaftler, muss dann selbst entscheiden, welcher Textvariante er den Vorzug geben will. Ein Beispiel: Im 1. Kapitel der Apostelgeschichte lesen wir, dass die Apostel (es werden einzelne Namen genannt), die Frauen zusammen mit Maria, der Mutter Jesu, und dessen Brüder versammelt waren, um auf die versprochene Herabkunft des Hl. Geistes zu warten. In einer Handschrift werden nach den Frauen auch noch die Kinder genannt. Exegeten, die dieser Handschrift den Vorzug geben, schliessen daraus, dass die meisten der Apostel verheiratet waren, was wir sicher von Petrus wissen, dessen Schwiegermutter Jesus geheilt hat (vgl. Markus 1,29–31).

5. Ein weiteres wichtiges Stichwort, das in diesem Zusammenhang erwähnt werden muss, heisst **Traditionsgeschichte**. Das meint die Geschichte, die ein Ereignis oder eine Rede von dem Punkt, an dem sie stattfanden, bis zur schriftlichen Fixierung durchgemacht hat. Da steht am Anfang also irgendein Ereignis oder eine Rede, z. B. die Rückkehr der Nomadenstämme Israels aus Ägypten in ihr ursprüngliches Heimatland Kanaan oder die Rede Jesu, die

wir als Bergpredigt oder Feldrede kennen. Beides ist über lange Zeit mündlich weitergegeben worden, bevor ein Schriftsteller gefunden hat, er müsse das jetzt aufschreiben, damit es seinen Zeitgenossen und Nachfahren erhalten bleibe. Dabei hat er das ihm vorgegebene mündliche Traditionsgut so geformt, dass es für seine Leser oder Hörer aktuell war, es wurde für sie vielleicht umgeformt und uminterpretiert. Ein gutes Beispiel dafür ist eine der Seligpreisungen aus der Bergpredigt. Bei Lukas heisst es: «Selig, ihr Armen, denn euch gehört das Reich Gottes» (Lukas 6,20). Bei Matthäus heisst es: «Selig, die im Geist Armen; denn ihnen gehört das Himmelreich» (Matthäus 5,3). Und die Einheitsübersetzung von 1980 formuliert: «Selig, die arm sind vor Gott; denn ihnen gehört das Himmelreich.» Während Lukas also die materiell Armen vor Augen hat, versteht Matthäus die Armut geistlich als eine bestimmte Haltung des Menschen vor Gott: «Selig, wer weiss, dass er vor Gott nichts vorweisen kann. Selig, wer alles von Gottes erbarmender Liebe erwartet.» Wir merken, dass das wichtige Unterschiede sind. Was Jesus in diesem Fall wirklich gesagt hat, lässt sich kaum ausmachen. Wir können nur noch feststellen, was für die Gemeinde von Matthäus und was für die Gemeinde von Lukas wichtig war. Das gilt auch für andere Reden Jesu, die nicht in allen Evangelien gleich wiedergegeben sind. Jeder Evangelist hat sie für seine Gemeinde festgehalten und also ein Stück weit selbst geformt. Beim angeführten Beispiel aus der Bergpredigt nehme ich mit anderen Auslegern an, dass die Lukasfassung die ursprünglichere ist, weil Jesus dem Reichtum gegenüber immer skeptisch gewesen ist: «Ihr könnt nicht Gott dienen und dem Mammon.» (Matthäus 6,24)

Eine Ausnahme hiervon bilden die neutestamentlichen Briefe, die auf Paulus, Petrus, Jakobus und Johannes zurückgehen. Einige davon waren wirkliche Briefe, Schriftstücke, denen keine mündliche Tradition vorausging; vielmehr erkennen wir darin die Bestätigung für die fast ausschliesslich mündliche Weitergabe der Jesusgeschichte innerhalb der Gemeinden. Die Briefe sind deshalb, obwohl sie nicht am Anfang des Neuen Testaments stehen, z. T. ältere schriftliche Quellen als die Evangelien.

Bleiben wir vorerst einmal bei den drei Evangelisten Matthäus, Markus und Lukas, die man die Synoptiker nennt, weil man in ihren Evangelien vieles vorfindet, das sich miteinander vergleichen («zusammen anschauen») lässt. Das Johannes-Evangelium, erst etwa um das Jahr 100 abgefasst, spielt eine Sonderrolle. Von ihm wird manches überliefert, was sich bei den Synoptikern nicht findet, und umgekehrt hat er Wichtiges nicht, was die andern drei Evangelien erzählen. Beim Abschiedsmahl Jesu berichtet Johannes von der Fusswaschung, es fehlen aber die Einsetzungsworte beim Austeilen von Brot und Wein. Es heisst nur schlicht, dass Jesus mit seinen Jüngern zu einem Mahl versammelt war (vgl. Johannes 13,1–14,31).

6. Wie müssen wir uns im Einzelnen die Entstehung der Evangelien vorstellen? Das ist eine weitere Frage, die uns jetzt beschäftigen soll. Am Anfang steht das Auftreten des Wanderpredigers Jesus aus Nazaret, der die Menschen zur Umkehr aufrief und die nahe Ankunft der Gottesherrschaft verkündete. Sein faszinierendes Vertrauen auf Gott wirkte auf die Menschen heilend und befreiend. Unter Pontius Pilatus wurde er auf Betreiben gewisser Kreise des damaligen Judentums als gefährlicher Unruhestifter gekreuzigt. Seine Jünger haben sich nach seinem Tod zunächst zerstreut, dann aber an verschiedenen Orten zu kleinen Gemeinden versammelt, so etwa in Jerusalem und Antiochia. Dabei haben sie sich die Worte und Taten Jesu in Erinnerung gerufen und zusammengestellt. Dann haben in einem weiteren Schritt manche vor allem Taten Jesu aufgeschrieben, andere haben vor allem Worte Jesu gesammelt und aufgeschrieben. Aus den verschiedenen Notizen über die Taten Jesu hat dann ein Jünger, der heute unter dem Namen Markus bekannt ist, sein Evangelium verfasst. Ein anderer hat (oder vielleicht auch einige andere haben) vor allem Reden Jesu zusam-

mengestellt. Dieser Autor hat keinen Namen, seine heute rekonstruierte Schrift nennt die Wissenschaft Q oder Logienquelle. Wieder einige Jahrzehnte später haben zwei Autoren diese beiden Quellen miteinander verbunden, in eine bestimmte Reihenfolge gebracht, für ihre Zeit und ihre Zuhörer aktualisiert und noch Sonderüberlieferungen beigefügt, wozu sie je eigene Quellen hinzuzogen. So entstanden das Lukas- und das Matthäusevangelium. Vom geschichtlichen Auftreten des Jesus von Nazaret bis zu den Texten der Evangelien wurde also ein weiter Weg zurückgelegt. Es ist daher die Aufgabe der heutigen wissenschaftlichen Beschäftigung mit der Bibel sorgfältig herauszudestillieren, was auf Jesus selbst zurückgeht und was spätere Gemeindeüberlieferung ist. Eine sehr anspruchsvolle Aufgabe, für die die Wissenschaft aber inzwischen sichere Kriterien aufgestellt hat.

7. Und noch etwas: Neben den heute in der Bibel versammelten Büchern gibt es noch eine ganze Anzahl anderer Schriften, die sich mit den biblischen Ereignissen befassen. Ich nenne als Beispiel nur die Überlieferungen, die sich auf Jesus beziehen. Da gibt es etwa das Proto-Evangelium des Jakobus, ein Petrusevangelium, ein Marien- und sogar ein Judasevangelium. Diese und eine grosse Anzahl anderer Schriften wurden dann aber nicht in unsere

heutige Bibel aufgenommen. Warum nicht, oder anders gefragt: Wer sagte, was für das Volk Israel und was später für die christliche Gemeinde prägend und grundlegend sei? Niemand anders als diese Gemeinden selbst und ihre bedeutenden Theologen und Leiter. Diesen Prozess, in dem festgehalten wurde, was verbindlich zum Alten Testament oder verbindlich zum Neuen Testament gehört, nennt man Kanonbildung. Das Wort Kanon stammt aus dem Griechischen und heisst Massstab, Richtschnur, Regel. Unter Kanon wird für eine Religionsgemeinschaft die massgebliche Sammlung heiliger Texte oder Bücher verstanden. Kanonische Schriften haben einen besonderen Vorrang gegenüber anderen religiösen Schriften einer Religionsgemeinschaft. Einen Kanon heiliger Schriften kennen Judentum, Christentum und Islam.

Die Kanonbildung sowohl des Alten wie auch die des Neuen Testamentes sind langwierige literaturgeschichtliche Entwicklungen, die wir hier nicht im Einzelnen nachzeichnen können. Die hebräische Bibel des Judentums enthält 39 Schriften, in den christlichen Ausgaben des Alten Testamentes kommen 6 griechisch geschriebene Bücher dazu, die man heute als **deuterokanonisch** bezeichnet. Das Neue Testament der Christen zählt 27 Bücher. Da es neben diesen heute als **kanonisch** geltenden Schriften noch eine grosse Zahl anderer Zeugnisse gab, die sich als Evangelien und Apostelbriefe bezeichneten, brauchte es eine lange Zeit, bis der Kanon der christlichen Kirche feststand.

Die langsam in den ersten drei Jahrhunderten sich festigende Grosskirche hat nach längerem Hin und Her festgelegt, was sie als für sich bedeutsam und wichtig erachtet. Entscheidendes dazu sagte eine römische Synode aus dem Jahr 382. Auseinandersetzungen gab es dann aber nochmals zur Zeit der Reformation, da Martin Luther beispielsweise den Jakobusbrief wegen seiner Betonung der guten Werke als «Strohepistel» bezeichnete. Das Konzil von Trient 1545–1563 zählt deshalb ausführlich alle Schriften des Alten und des Neuen Testamentes auf, die, vom Heiligen Geist inspiriert, für die Kirche als massgeblich und kanonisch zu gelten hätten. Dabei hält es sich an die Vulgata, die lateinische Bibelübersetzung des Hieronymus aus dem 4. Jahrhundert. Mit «Inspiration der Heiligen Schrift» wurde ausgedrückt, dass sie mit der Hilfe des Heiligen Geistes entstanden und deshalb auch irrtumslos sei in allen Dingen, die das Heilswirken Gottes gegenüber den Menschen beinhalten (so die heutige Interpretation der Irrtumslosigkeit der Bibel im Gegensatz zu früher, wo jeder einzelne Satz als irrtumslos angesehen wurde, was ja bekanntlich zu vielen Auseinandersetzungen mit der Geschichtswissenschaft und der Naturwissenschaft geführt hat).

Christen erachteten von Anfang an auch die Schriften des Judentums als für sie wichtig; denn den ersten Anhängern Jesu – Jüdinnen und Juden – waren die Schriften des Alten Testaments nicht nur vertraut, auch sahen sie vieles darin Verheissene als mit Jesus in Erfüllung gegangen an. Die Schriften des heutigen Neuen Testamentes beziehen sich deshalb häufig auf Hinweise und Zitate aus dem Alten Testament. Trotzdem ist es erstaunlich, aber auch schön, dass wir Christen das Heilige Buch der Juden ebenso in Ehren halten wie die Juden selbst. Es enthält für uns sozusagen die Vorgeschichte dessen, was uns im Neuen Testament überliefert ist.

Nun könnten vielleicht Zweifel aufkommen, ob unser Glaube noch auf einem sicheren Fundament stehe, oder ob nicht alles ins Wanken gerate, wenn man diesen komplizierten Weg der Schriftwerdung vor Augen hat und zudem nicht von allen einzelnen Büchern der Bibel mit Sicherheit weiss, wer sie abgefasst hat. Doch darauf kommt es gar nicht an. Die Bibel ist ein wunderbares Buch und auch jedes einzelne der 72 biblischen Bücher ist es. Wir haben hier die Lebens- und Glaubenserfahrungen vieler Generationen von Menschen vor uns. Und der uns heute zur Verfügung stehende Text ist wissenschaftlich so genau untersucht worden, wie das wohl von keinem anderen Buch der Weltliteratur gesagt werden kann. Aber die Bibel ist kein leicht lesbares Buch. Deshalb haben christliche Theologen des Altertums, des Mittelalters und der Neuzeit sich immer wieder mit der Bibel auseinandergesetzt. Und deshalb haben auch Bischöfe, Bischofssynoden und Konzilien in ihren Dokumenten festgehalten, wie sie diese oder jene Stelle oder Überlieferung verstanden haben wollten. Darauf fusste dann der allgemeine Glaube der Christen, oftmals nach einem langen und zähen Ringen. Diese Interpretationsgeschichte und Dogmengeschichte sprengt aber den hier vorgegebenen Rahmen.

Unser Glaube fusst nicht direkt auf Mose und anderen für das Alte Testament oder auf Jesus für das Neue Testament, sondern auf dem Glauben der biblischen Schriftsteller, das heisst für uns Christen: auf dem Glauben der Apostel und Apostelschüler, auf dem Glauben der ersten christlichen Gemeinden. Deshalb muss die Bibel immer wieder neu von der Bibelwissenschaft untersucht und uns im Gottesdienst oder im Bibelkommentar so erklärt und gedeutet werden, dass sie uns zu einem Leben verhilft, das ein gutes menschliches Leben sein soll, einst einmündend in die Vollendung, die Gott für uns bereithält. Das ist schliesslich der letzte und gemeinsame Sinn aller biblischen Bücher. Sie erzählen von der Geschichte Gottes mit den Menschen, wollen uns zu einem Leben in Solidarität mit unseren Mitmenschen anstiften und in uns die Hoffnung stärken, dass unser manchmal so beschwerliches Leben einst einmündet in die grenzenlose Liebe Gottes, auch wenn wir diese Liebe im Tages- und Weltgeschehen oft nicht sehen und spüren.

VON DER VERSCHIEDENEN ART UND WEISE, DIE BIBEL ZU LESEN

Nachdem wir in einem ersten Abschnitt die Entstehungsgeschichte der Bibel des Ersten und Zweiten Testamentes – oder geläufiger: des Alten und Neuen Testaments –, ihre Überlieferungsgeschichte aufgezeigt und auch schon das Wichtigste über die historisch-kritische Lektüre der Bibel angesprochen haben, widmet sich das vorliegende Kapitel den verschiedenen Arten, wie man die Bibel lesen und auslegen kann. Dabei sei gleich zu Beginn festgehalten, dass ich der Meinung bin, dass diese verschiedenen Weisen sich gegenseitig nicht ausschliessen, sondern ergänzen. Von der historisch-kritischen Auslegung der Bibel muss hier nicht nochmals ausführlich gesprochen werden.

Was in fünf Abschnitten für die Lektüre und Auslegung der Bibel gezeigt werden soll, bedarf noch einer Vorbemerkung. Die Lektüre jedes Textes gleich welcher literarischen Gattung ruft wie von selbst von Seiten des Lesers die Interpretation hervor. Bei dichterischen Texten, seien es Romane, Novellen, Dramen oder Gedichte, ist das am deutlichsten. Anhand eines theoretischen Beispiels will ich das zeigen. Ich lese die erste Zeile eines Gedichtes und verstehe sie, so gut ich kann. Ich schreite zur zweiten und dritten Zeile weiter und so fort. Ich lese also langsam und sorgfältig Zeile um Zeile und komme so zum Schluss des ganzen Gedichtes. Nun wird mir unwillkürlich manches besser bewusst, was ich zuerst gelesen habe. Um das ganze Gedicht zu verstehen, muss ich also zuerst jede einzelne Zeile verstehen, und erst wenn ich das ganze Gedicht gelesen habe, verstehe ich auch die einzelnen Zeilen in der ganzen Fülle ihres Gehalts. Man nennt das in der Kunst der Interpretation den «hermeneutischen Zirkel». Emil Staiger, der berühmte frühere Zürcher Germanist, hat das in seinem Buch «Die Kunst der Interpretation» (Zürich 1955) dargelegt und an verschiedenen Beispielen erläutert. Fazit: Jedes Lesen und Reden über einen Text ist eine bestimmte Weise der Auslegung.

Was aber allgemein gilt, das gilt auch bei der Lektüre der Bibel. Und, das ist ein wichtiger Zusatz, dabei spielt auch der Standpunkt des Lesers, seine Zeit, seine Lebensumstände, seine Lebensgeschichte und seine Zeitgeschichte mit hinein. Damit ist jeder biblische Text in zwei Situationen eingebunden: Die eine, die mit «Sitz im Leben» bezeichnet wird, meint den ursprünglichen Ort, das ursprüngliche Publikum, die ursprüngliche (kultische, judikative oder pastorale) Verwendung des Textes; die andere Situation ist der beschriebene Kontext, in dem ein Text wieder, ja, neu gelesen und verstanden werden muss. Aus dieser Differenzierung wird klar, warum wir z. B. fragen müssen: Was wollte Jesus *damals* sagen? Und was meint das in die heutige Situation *übersetzt?*

Doch wenden wir uns nun der Bibel zu. Dabei muss man allerdings nicht nur von der Art, wie man die Bibel liest und zu verstehen sucht, sprechen, sondern auch vom unterschiedlichen (vieldeutigen) Sinn, den eine Stelle enthalten kann. In dieser Weise hat man vor allem in den ersten Jahrhunderten von der Auslegung der Bibel gesprochen. Man hat auf der einen Seite auf den wörtlichen Sinn, den **Literalsinn** gepocht, auf der andern Seite auf den geistigen, sinnbildlichen oder **typologischen** oder **symbolischen Sinn** Wert gelegt. Die Wichtigkeit des Wortsinnes betonten vor allem die Vertreter der Schule von Antiochia, den Symbolsinn die Vertreter der Alexandrinischen Schule.

Es sei noch erwähnt, dass sich schon in der Bibel Auslegungen früher geschriebener biblischer Bücher finden. Die Geschichte der Exegese, wie man die Wissenschaft der Auslegung der Bibel nennt, hat also schon in der Bibel selbst begonnen. Geläufig ist uns das vom Neuen Testament her, das immer wieder alttestamentliche Stellen zitiert, um Wahrheiten des Neuen Bundes zu verdeutlichen. Ich möchte zwei Beispiele anführen. Im Hebräerbrief 1,5 lesen wir: «Denn zu welchem Engel hat er [gemeint ist Gott] jemals gesagt: Mein Sohn bist du, heute habe ich dich gezeugt, und weiter: Ich will für ihn Vater sein, und er wird für mich Sohn sein?» Hier zitiert der Hebräerbrief Psalm 2,7, mit dem ursprünglich David gemeint war, und wendet den Sohnestitel nun auf Jesus an. Weiter führt er das 2. Samuelbuch 7,14 an, wo der Prophet Nathan König David einen leiblichen Sohn verheisst, gemeint ist Salomo. Dieses Wort wendet nun der Hebräerbrief wiederum auf Jesus von Nazaret an, um dessen herausragende Stellung zu betonen. Also: Schon die Bibel legt die Bibel aus, um gewisse Dinge zu verdeutlichen.

Nun könnte man natürlich ein ganzes Buch darüber schreiben – und das wurde selbstverständlich auch mehrfach getan –, wie einzelne Kirchenväter oder dann mittelalterliche, aufklärerische, romantische und neuzeitliche Theologen die Bibel auslegten und gewisse Stellen verstanden. Auch das kirchliche Lehramt hat sich mehrfach dazu geäussert, wie die Bibel zu lesen und zu interpretieren sei. Erwähnt sei hier vor allem die Enzyklika «Divino afflante Spiritu» – übersetzt heisst dieser Anfang des päpstlichen Lehrschreibens «Durch Eingebung des göttlichen Geistes» – von Pius XII. (30.9.1943), die die historisch-kritische Methode der Bibelauslegung ausdrücklich als notwendige Voraussetzung für ein richtiges Verständnis der Texte betonte, obwohl sie lange Zeit in der katholischen Kirche umstritten und sogar abgelehnt worden war. Sie ist heute ausser bei den so genannten Biblizisten oder Fundamentalisten allgemein anerkannt. Einige ihrer wichtigsten Grundzüge habe ich im ersten Kapitel dargelegt. Doch nun zu den einzelnen Weisen, wie man darüber hinaus die Bibel lesen und auslegen kann.

Der modernen historisch-kritischen Methode gingen andere Arten, die Bibel zu lesen und deuten, voraus. Erich Zenger erklärt in seinem Buch «Lebendige Welt der Bibel. Entdeckungsreise in das Alte Testament» (Freiburg i. Br. 1997) einen vierfachen Schriftsinn und bringt dazu das Beispiel des Wortes «Jerusalem»: Wenn von Jerusalem die Rede ist, versteht die wörtliche Auslegung (**Literalsinn**) darunter die geografische Stadt in Israel. Für den **allegorischen Sinn** ist Jerusalem ein Bild der Kirche. Für den **tropologischen oder moralischen Sinn** wird Jerusalem zum Bild der menschlichen Seele. Und im **anagogischen oder eschatologischen Sinn** ist Jerusalem Bild der himmlischen Herrlichkeit.

DER LITERALSINN

Zur Zeit der Kirchenväter waren es vor allem die Vertreter der Antiochenischen Schule, die sehr grossen Wert darauf legten, dass man die Schriften der Bibel und ihre Aussagen wörtlich zu verstehen und mit dem Verstand zu durchdringen habe. Erwähnt seien hier vor allem der eigentliche Begründer einer Schule, Lukianos von Antiochien (†312), und Johannes Chrysostomos (†407). Die Vertreter dieser Schule waren oft durch die griechische Philosophie eines Plato und Aristoteles gebildet und geprägt. Für uns heutige ist bedeutsam, dass aus dieser Schule auch jene Männer stammten, die unbedingt an der wahren Menschheit des Jesus von Nazaret festhalten wollten, als man innerhalb der Kirche begann, sich Gedanken über die Beziehung Jesu zu Gott zu machen (also über Jesus, den Christus). Sie betonten immer wieder, er habe einen wirklichen menschlichen Leib und eine wirkliche menschliche Seele gehabt und sei nicht nur zum Schein Mensch geworden, wie dies vielfach von den antiken Göttern erzählt wird. Auf der einen Seite könnte man die Biblizisten, die das Siebentagewerk der Schöpfung aus dem Buch Genesis wörtlich, also auch im naturwissenschaftlichen Sinn verstehen, dieser Schule zurechnen, auf der andern Seite aber auch die historisch-kritische Exegese, die betont, man müsse zuerst immer den ursprünglich gemeinten Sinn einer Stelle zu ergründen versuchen, bevor man etwas über ihren geistlichen Gehalt sage.

Hier haben wir es mit einer Lesart der Bibel zu tun, bei der unbedingt der Name eines der grössten alten Gelehrten genannt werden muss: Origenes, der 215 ebenfalls eine Schule begründete. Die allegorische Schriftauslegung fragt nicht so sehr nach dem, was da irgendwann einmal passiert ist, sondern nach dem, was es für uns geistlich bedeutet. Um das oben beim Literalsinn angeführte Beispiel aufzugreifen: Was das Buch Genesis über die Entstehung der Welt erzählt, ist keine naturwissenschaftliche Erklärung für das Werden der Welt, sondern eher eine dichterische Einkleidung der Tatsache, dass Gott alles, aber auch gar alles gut gemacht hat. Die **allegorische**, oder man könnte auch in vielen Fällen sagen die **geistliche** Auslegung der Bibel wird bis heute geübt, so etwa, wenn die Katechetinnen ihren Schülerinnen und Schülern sagen, mit der Brotvermehrung, wie sie die Evangelien berichten, wolle Jesus zeigen, wie wir das, was wir haben, mit jenen teilen sollen, die nichts haben. Ob das historisch stimme, sei nicht so wichtig. Man könnte das auch eine **moralisierende** Auslegung der Stelle nennen, während die gleiche Stelle noch in meiner Ausbildung (1956–1961) dazu herhalten musste, Jesus als Wundertäter und damit als gottähnlich oder gottgleich zu beweisen (Markus 8,1–10 und Parallelen). Er hatte also *tatsächlich* aus wenigen Broten ganz viele gemacht.

Der **typologische** Sinn stellt vor allem Geschehnisse aus dem Alten Testament Ereignissen aus dem Neuen Testament gegenüber. Um beim gerade genannten Beispiel zu bleiben, wird etwa das Mannawunder aus Exodus 16 als Vortypus für die Brotvermehrung aus den Evangelien verstanden. Und Jesus wird im Hebräerbrief als Hoherpriester nach der Ordnung des Melchisedek bezeichnet (7,1–10). Diese typologische Schriftauslegung war besonders in der mittelalterlichen Wand- und Buchmalerei beliebt, etwa wenn auf der einen Seite des Kirchenschiffes das Opfer Isaaks durch Abraham und auf der gegenüberliegenden Seite die Kreuzigung Christi dargestellt wurde. Bei der Buchmalerei möchte ich auf das Turin-Mailänder Stundenbuch aus dem 15. Jahrhundert des Jean Duc de Berry hinweisen, der vor allem wegen seinen «*Très riches heures*» bekannt ist. Es stellt den Höhepunkt der Pariser Buchmalerei dar. Im Turin-Mailänder Stundenbuch, dessen Mittelteil leider einem Brand in der Bibliothek von Turin zum Opfer fiel, wird unter dem Hauptbild von der Auferstehung Jesu, der aus dem Sarkophag steigt, im Bas de page (also unten an der Seite) gezeigt, wie Jona dem Bauch des Fisches entsteigt.

DIE BEFREIUNGSTHEOLOGISCHE LEKTÜRE DER BIBEL

Mit diesem Abschnitt kommen wir in die moderne Zeit. Die befreiungstheologische Lektüre der Bibel ist relativ jung und stammt vorwiegend aus Südamerika. Sie hat aber eine ganze Reihe prominenter Theologen wie etwa Leonardo Boff und Gustavo Gutiérrez hervorgebracht. Von ihnen sei nur je ein Werk erwähnt: Leonardo Boff, «Kirche, Charisma und Macht. Studien zu einer streitbaren Christologie» (Düsseldorf 1985 u. ö.), das seine Lehre über die Kirche enthält, und Gustavo Gutiérrez, «Theologie der Befreiung» (München 1973; Mainz [10]1992), das einen eigentlichen Überblick über die Anliegen der Befreiungstheologie bietet.

Die Befreiungstheologie ging von den Basisgemeinden aus, d. h. von jenen aktiven Gruppierungen in den Pfarreien, die nicht nur miteinander Gottesdienste feierten, sondern auch das tägliche Leben miteinander teilen wollten. Das war vor allem der arme und am Rande stehende Teil der südamerikanischen Bevölkerung. Sie lasen miteinander die Bibel, überlegten, was dieser oder jener Text für ihr Leben bedeute, und entdeckten dabei, dass Jesus vor allem auch als Heiland der Armen und Unterdrückten gekommen war. Und es gehe ihm dabei nicht in erster Linie um die Vertröstung der Armen auf ein besseres Leben nach dem Tod, also um die Ewigkeit jenseits der Zeit, sondern schon um ein besseres und menschenwürdigeres Leben hier und jetzt: um den Anbruch der Gottesherrschaft im Heute. Deshalb müsse auch die Kirche sich viel mehr auf die Seite der Armen stellen und den Mächtigen der Welt immer wieder ins Gewissen reden, damit in

Wirtschaft und Politik Strukturen geschaffen würden, die es möglichst vielen Menschen erleichtern, ein menschenwürdiges Leben zu gestalten. Erlösung also auch als Befreiung von Unrechtsverhältnissen in der Welt.

Diesen Gedanken weiterführend, begannen die massgebenden Theologen alle Themen der Theologie neu zu schreiben, wobei sie sich auch auf die Soziallehre der Kirche und die entsprechenden Verlautbarungen, etwa «Rerum novarum» Leos XIII. (15.5.1891), «Mater et magistra» Johannes' XXIII. (15.5.1961) und «Laborem exercens» von Johannes Paul II. (14.9.1981) berufen konnten. Und noch eine wichtige Erkenntnis: Die Befreiungstheologen haben neben dem üblichen Begriff der persönlichen Sünde den der strukturellen Sünde in das theologische Denken eingeführt: Es gibt nicht nur einzelne Menschen, die schuldig werden, sondern es gibt auch sündhafte politische und wirtschaftliche Strukturen, die deshalb sündhaft sind, weil sie einseitig die einen immer mehr nach oben bringen, während der Grossteil der (südamerikanischen und afrikanischen) Bevölkerung in der sozialen Skala unten gehalten werde. (Das gilt gewiss nicht nur für Südamerika und Afrika, wo die Befreiungstheologie geboren wurde.)

Neben diesem inhaltlichen Merkmal der Befreiungstheologie ist aber auch ihre Methode kennzeichnend: Nicht nur die geschulten Wissenschaftler sollten die Bibel lesen und auslegen, sondern auch die armen und einfachen Mitglieder der Kirche. Die Bibel sei vor allem im Neuen Testament ein Buch, das vorwiegend von Armen für Arme geschrieben worden sei. So hätten die heutigen Armen auch ein Recht darauf, die Schrift auf ihre Situation hin auszulegen. Der befreiende Gott Israels wurde herausgehoben oder auch die Stelle der Bergpredigt in der Fassung des Lukas, wo es heisst: «Selig, ihr Armen, denn euch gehört das Reich Gottes» (6,20). Die lukanische Fassung der Seligpreisungen gilt gegenüber Matthäus, der noch das «im Geiste» hinzugefügt hat, als die ursprüngliche. – Auch Südafrika hat einen grossen Befreiungstheologen hervorgebracht: Albert Nolan mit seinem Buch: «Jesus vor dem Christentum. Das Evangelium der Befreiung» (Luzern 1993).

Bedeutende Bischöfe haben sich anfänglich auf die Seite der Befreiungstheologie und damit auf die Seite der Armen geschlagen – zu den bekanntesten unter ihnen zählen der am Altar ermordete Oskar Romero und Dom Hélder Pessoa Câmara. Die Befreiungstheologen verwendeten teilweise Begriffe aus der marxistischen Gesellschaftskritik, um ihr Anliegen der politischen und wirtschaftlichen Bedeutung der biblischen Botschaft zugunsten der Armen vorzubringen. Das hat leider, und wie ich meine durch ein Missverständnis, zur Verurteilung einiger von ihnen durch die Glaubenskongregation unter ihrem damaligen Wortführer Joseph Kardinal Ratzinger geführt. Trotzdem bleiben ihre Anliegen und auch ihre Methode bis heute aktuell. Eine umfassende Darstellung bietet das zweibändige Werk «Mysterium Liberationis. Grundbegriffe der Theologie der Befreiung» (Luzern 1995/1996), an dem die wichtigsten Vertreter der lateinamerikanischen Befreiungstheologie mitgearbeitet haben.

FEMINISTISCHE EXEGESE

Als besondere Variante der Befreiungstheologie könnte man **die feministische Theologie** bezeichnen. Es ist Lektüre und Auslegung der Bibel, die hauptsächlich von Frauen geleistet wird und besonders darauf achtet, was über Frauen gesagt oder nicht gesagt wird, welche Frauen in der Bibel vorkommen und welche nicht. Im deutschen Sprachraum war eine bedeutende Vertreterin Dorothee Sölle. Sie hat zahlreiche, sehr sprachmächtige Bücher veröffentlicht. Eines der wichtigsten ist: «Gott denken. Einführung in die Theologie» (Stuttgart 1990 u. ö.). Ebenfalls stark geprägt hat mein diesbezügliches Verständnis Catharina J. M. Halkes: «Gott hat nicht nur starke Söhne. Grundzüge einer feministischen Theologie» (Gütersloh 1980).

Im 7. Kapitel ihres Buches geht Dorothee Sölle den Grundlagen der feministischen Befreiungstheologie nach. Sie hält dabei fest, dass es neue Subjekte seien, die Theologie treiben (eben Frauen), dass es dabei neue Objekte gebe, die den Gegenstand dieser Theologie bilden: Geschichten und Schriftstellen, in denen Frauen vorkommen, und dass eine neue Methode angewandt werde. Als eines der schönsten neutestamentlichen Beispiele, die für die feministische Lesart der Bibel von Bedeutung seien, nennt sie das Magnifikat aus Lukas 1,46–55. Dazu stellt sie folgende Fragen: «Wer spricht da? Es ist eine junge Frau, sie ist schwanger, nicht verheiratet und arm – ein Wesen zweiter Klasse –, und sie lobt Gott mit ihrer Stimme, die zugleich die der befreienden Tradition [aus dem Alten Testament] ist. Sie benennt Gott mit Hilfe der revolutionären Aussagen des Liedes, die in der Übersetzung der Basisbibel so klingen:

«Allzeit währt sein Dasein für die,
denen es ernst ist mit ihm.
Seine Macht steht gegen die Herren,
hinweg fegt er ihre Pläne.
Die oben sind, stürzt er vom Sitz
Und erhebt die Erniedrigten,
die Hungernden füllt er mit Gütern,
und die Reichen gehen leer aus» (Verse 50–53).

«Das Magnificat oder der Lobgesang der Maria ist ein Grundtext der Befreiungstheologie», schreibt Dorothee Sölle auf Seite 96 des zitierten Buches, und sie fährt weiter: «Ich habe mir nie ganz klar gemacht, wer diesen Text eigentlich singt, wer diese Magd Gottes, eine in vieler Hinsicht benachteiligte Frau, ist. In der Wissenschaftssprache nennen wir das, was ich zu beschreiben versuche, das Erkenntnisprivileg der Armen. Die, die ganz unten sind, die Schwachen, wie diese Frau, haben einen Vorrang in der Erkenntnis Gottes.»

Die Frage, wer Gott beim Namen nennt, also die Frage nach denen, die Theologie treiben, ist eine Grundfrage aller Befreiungstheologie, der feministischen Variante besonders. «Der Selbstanspruch der Theologie, wirklich von Gott zu reden – und nicht nur von Gottes männlichen abgespaltenen Teilen –, ihre Wahrhaftigkeit steht auf dem Spiel, wo immer Frauen von der Theologie ausgesperrt werden. Es ist kein Zufall, dass das Befreiungslied von Lukas 1 von einer Frau gesungen wird» (Sölle a. a. O. 96 f.). Vergleiche dazu auch das Lied der Mirjam, der Schwester Aarons, nach dem geglückten Durchzug durch das Rote Meer: «Die Prophetin Mirjam, die Schwester Aarons, nahm die Pauke in die Hand, und alle Frauen zogen mit Paukenschlag und Tanz hinter ihr her. Mirjam sang ihnen vor: Singt dem Herrn ein Lied, denn er ist hoch und erhaben! Rosse und Wagen warf er ins Meer» (Exodus 15,20 f.).

Ein Zweites, an dem wir uns klar machen können, was feministische Theologie will, sind die Objekte der Theologie, die neuen Themen und Inhalte. «Was erfahren wir in der biblischen Geschichte über die Geschichte der Frau? Wo erscheinen Frauen? Welche

Rollen spielen sie dort? Wo werden sie verschwiegen? Da macht man die erstaunlichsten Entdeckungen» (a. a. O. 97). Dorothee Sölle erzählt dann, wie sie auf die Geschichte von Jiftach im Buch der Richter 11,30–40 gestossen ist. Der Feldherr Jiftach verspricht Gott, wenn er ihm im Krieg gegen die Ammoniter den Sieg verleihe, werde er das erste, was ihm nach der Schlacht aus dem Haus entgegenlaufe, ihm zum Brandopfer darbringen (ein im übrigen in der Antike geläufiges Motiv). Als erstes kommt ihm seine Tochter Mizpa entgegen. Wenn auch unter Wehklagen, nach einer Schonfrist von zwei Monaten, wo sie ihre Jugend beweinen darf, tötet er sie und bringt sie Gott zum Opfer dar. Und Sölle merkt an, dass hier kein Engel dazwischentrete wie bei der beabsichtigten Opferung Isaaks durch Abraham.

Im Neuen Testament wie auch schon im Alten können Frauen aber auch eine bedeutende Rolle spielen. Die erste Ostererscheinung wird im Johannesevangelium 20,11–18 Maria von Magdala zuteil. In Philippi ist es die Purpurhändlerin Lydia, die als Erste mit ihrem ganzen Haus gläubig wird und Paulus in ihr Haus aufnimmt, wie wir in der Apostelgeschichte 16,13–15 lesen. Auch in den Gruss- und Schlussworten der Apostelbriefe kommen immer wieder Frauen vor, die in den Gemeinden offenbar eine besondere Rolle gespielt haben. Vgl. etwa im Römerbrief 16,1, wo eine Phöbe als Dienerin der Gemeinde von Kenchreä genannt wird.

Die Subjekte der Theologie und die Objekte der Theologie sind in der feministischen Theologie (ähnlich wie in der Befreiungstheologie überhaupt) oft andere als in der stark von der griechisch-hellenistischen Philosophie geprägten herkömmlichen Schultheologie. Und das methodische Vorgehen heisst hier: Von der selbst erlebten Lebenspraxis her an den Text herangehen und von ihm wiederum auf eine neue Lebenspraxis zugehen. In dieser Frage stimmen viele (auch männliche) Theologen mit der feministischen Theologie überein. Es ging Jesus von Nazaret nicht in erster Linie um neue Glaubenssätze, sondern um eine neue Lebenspraxis. Diese hat ihn in den Tod gebracht. Durch die Auferweckung hat Gott aber die Lebenspraxis Jesu bestätigt. Für die feministische Theologie ist Gott deshalb die Kraft des Anfangs und die Kraft der Beziehung zum Leben. Gegen Schluss ihres Buches zitiert Dorothee Sölle aus dem Römerbrief 8,38 f.: «Denn ich bin gewiss, dass weder Tod noch Leben, weder Engel noch Gewalten, weder Hohes noch Tiefes uns zu scheiden vermag von der Liebe Gottes, die in Christus Jesus ist, unserem Herrn.»

Abschliessen möchte ich diesen Abschnitt mit einem schönen Gedanken aus dem erwähnten Buch von Catharina J. M. Halkes. Nachdem sie festhält, dass der Mensch als Mann und Frau nach der Bibel Abbild Gottes ist, schreibt sie: «Noch wichtiger finde ich, dass der Begriff Abbild Gottes auch beinhaltet, dass der

Mensch bezogen ist und durch Beziehungen Mensch wird: einerseits trägt der Mensch als Geschöpf Gottes, die Frau so gut wie der Mann, ihr/sein Zentrum in sich selbst, sie brauchen es nicht aus sich selbst in den anderen zu verlegen. Anderseits kommt der Mensch als Abbild Gottes erst in der Beziehung zu Mitmenschen zur vollen Entfaltung.» (a. a. O. 39)

DIE TIEFENPSYCHOLOGISCHE LESART UND DEUTUNG DER SCHRIFT

Eugen Drewermann hat mit seiner Art und Weise, die Bibel zu lesen und zu deuten, in der Exegese eine ganz neue Seite aufgeschlagen, die man allerdings entfernt mit der schon angeführten allegorischen Schriftauslegung der Alexandriner vergleichen könnte. Sein diesbezüglich grundlegendes zweibändiges Werk trägt den Titel: «Tiefenpsychologie und Exegese» (Olten 1984/1985 u. ö.). Ich zitiere hier aus dem Klappentext des 1. Bandes («Die Wahrheit der Formen. Traum, Mythos, Märchen, Sage und Legende»): «Einen religiösen Text versteht man nicht, solange man ihn nur als Zeugnis der Vergangenheit betrachtet. Die heute vorherrschende historisch-kritische Methode war ein unerlässlicher Weg, um zu zeigen, wie zeitbedingt die jeweiligen Anschauungsformen und Sprechweisen auch in der Bibel sind.» Aber sie muss weitergeführt werden durch eine Methode, die die bleibende überzeitliche Bedeutung der Texte erfasst. «Mit Hilfe der Tiefenpsychologie und ihren Verfahren wird es möglich, gerade die unhistorischen traumnahen Texte der Bibel, die Mythen, Märchen, Sagen und Legenden, nicht als Verfälschungen der historischen Wirklichkeit zu lesen, sondern als Weisen, das Zeitlich-Einmalige in Symbolen ständiger Gegenwart zu verdichten.» Es kommt jetzt darauf an, die verschiedenen literarischen Formen, die die historisch-kritische Exegese herausgearbeitet hat, nicht von der äusseren Geschichte, sondern von ihrem inneren wahren Zentrum, dem Traum her zu verstehen. (Eugen Drewermann kommt vor allem von der Jungschen Traumanalyse her.)

Es geht Eugen Drewermann vor allem darum, die Bibel für das je eigene Leben zu erschliessen und damit wieder der Religion ihre wichtigste Funktion zurückzugeben, den Menschen von der Angst, von der Urangst vor dem Nichts und der Vernichtung im Tod zu befreien, der Bibel für das Leben den gebührenden Platz einzuräumen. Dazu breitet er eine Fülle von Material aus Religionsgeschichte, Ethnologie, Dichtung, Ritus und Kultus aus allen Religionen aus. So will er ein grosses Erbe der Menschheit, das allen Religionen gemeinsam ist, zurückgewinnen. Es geht ihm nicht so sehr um die historische Wahrheit einzelner Ereignisse, die in den verschiedenen Religionen berichtet werden, sondern um ihre überzeitliche, stets aktuelle Bedeutung. Ein weiteres Anliegen ist ihm, dass auch die Auslegung der Bibel nicht nur den Kopf und den Verstand ansprechen darf, sondern vor allen auch die Seele, das Herz des Menschen mit ihren Bildern anrühren, berühren und ihn so heilen, von der Urangst der Vernichtung befreien müsse.

Ich habe es eingangs schon erwähnt: Die verschiedenen Methoden der Bibelauslegung schliessen einander nicht aus, sondern bereichern sich gegenseitig. Die historisch-kritische Auslegung ist heute gewissermassen die wissenschaftliche Grundlage, auf der die andern Methoden weiterbauen können. Ich möchte aber noch etwas erwähnen, was für den religiös und nicht bloss wissenschaftlich interessierten Bibelleser von Bedeutung ist: die **geistliche Schriftlesung**, wie sie etwa in den verschiedenen Bändchen des Zürcher Jesuiten Richard Gutzwiller vorliegt, z. B. «Meditationen über Lukas I und II» (Einsiedeln 1954) oder Romano Guardinis «Der Herr» (Würzburg 1937, Mainz/Würzburg [17]2007). Diese und ähnliche Werke dienten früher auch der religiösen Formung der Theologiestudierenden. Hingewiesen sei auch noch auf das **Bibliodrama**, bei dem verschiedene Personen, oft Teilnehmer eines Kurses, durch das Nachspielen biblischer Szenen mit der Offenheit der Darstellung tiefer in deren existentiellen Gehalt einzudringen versuchen.

GOTTESBILD – GOTTESBILDER

Der Titel dieses Aufsatzes ist vieldeutig. Es muss zuerst geklärt werden, um was es hier nicht geht. Es geht nicht um Gottes- oder Götterdarstellungen in der bildenden Kunst, sei es in der Malerei, in den Mosaiken oder in der Plastik. Es geht auch nicht um Gottesbilder oder Gottesvorstellungen in den verschiedenen Gattungen der Dichtkunst, etwa um das Gottesbild in Goethes Faust oder in den Gedichten von Rainer Maria Rilke. Und es geht auch nicht um die Gottesvorstellungen und Gottesbegriffe der Philosophen und Theologen. Das hat Hans Küng in seinem Werk «Existiert Gott?» eingehend getan. Wir können uns auch nicht befassen mit den Gottesvorstellungen und Gottesbildern der

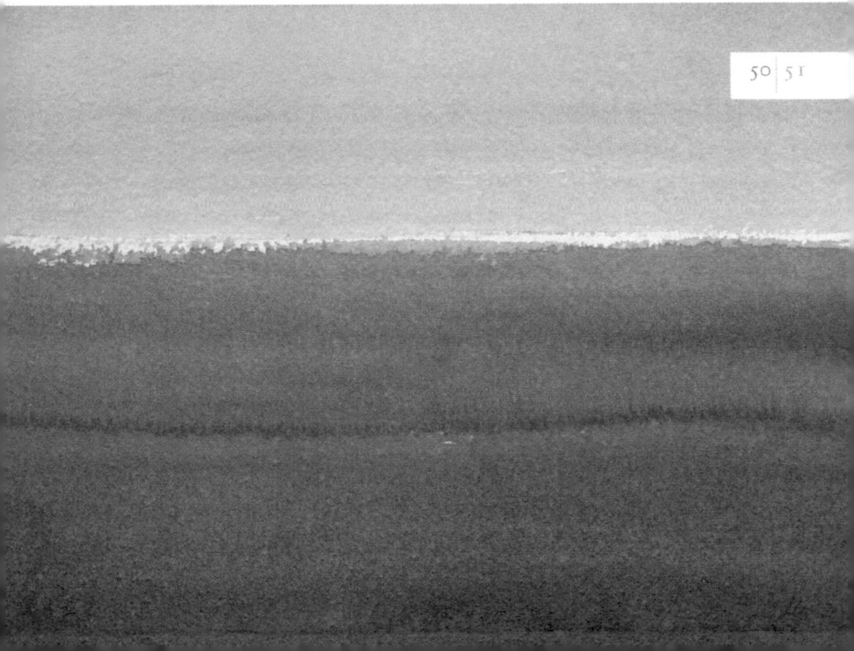

verschiedenen wichtigen Weltreligionen. Dazu verweise ich auf das Werk von J. A. Hardon: «Gott in den Religionen der Welt», eine umfassende vergleichende Religionsgeschichte, in der die so genannt primitiven Religionen, die orientalischen Religionen und die Religionen jüdischen Ursprungs vorgestellt werden. Wir müssen uns also beschränken, und zwar auf das Gottesbild oder die Gottesvorstellungen in der hebräischen Bibel in einem ersten Teil und auf das Gottesbild, das Jesus in seinen Reden und in seinem Handeln verkündet hat, im zweiten Teil des Kapitels.

Seit Beginn der Menschheit existieren Vorstellungen von einem oder mehreren höheren Wesen. Der Atheismus, die strikte Leugnung einer höheren Macht jenseits der Welt (Transzendenz) oder im inneren Kern der Schöpfung (Immanenz) ist in der Geschichte der Menschheit verhältnismässig jung. Das Begleitwerk zur Zürcher Bibel von 2007 eruiert 25 biblische und ausserkanonische Gottesbilder bis zur Spätantike und erfasst ein Spektrum von über 3000 Jahren. In ungefährer zeitlicher Reihenfolge sind es folgende Gottesvorstellungen: Der Götterkönig – die Sonne – das Paar – der Hirt – der Retter – der Donnerer – der Eroberer – der Richter – der Anwalt – der Zerstörer – der Gläubiger – der Gesetzgeber – der Schöpfer – die Mutter – der Träumer – der Allmächtige – der Vater – der Heiland – die Überraschung – der Gekreuzigte – das Wort – die

Liebe – der Erlöser – die Trinität – die Geliebte (Matthias Krieg/Hans-Adam Ritter/Brigitte Schäfer/Angela Wäffler-Boveland: bibel(plus) – vertieft. Das Seminar zur Zürcher Bibel, Zürich 2006, 10).

Die Bezeichnungen Gottesbild und Gottesvorstellung setzen voraus, dass wir Menschen immer in Bildern denken. Wenn wir etwa sagen, das Wetter sei schlecht, dann sehen wir in unserem Geist unwillkürlich einen grauen Himmel und vielleicht auch Regen vor uns. Oder wenn wir von einem guten Menschen sprechen, dann sehen wir in einem inneren Bild einen Menschen vor uns, der andern hilft, der nichts Böses tut. Unser Denken ist an die Sinne geknüpft, vor allem an die Augen, die wie Fenster die Aussenwelt in uns hereinlassen.

Gottfried Keller hat das in der ersten Strophe seines bekannten Gedichts «Abendlied» (entstanden 1879) so beschrieben:

> Augen, meine lieben Fensterlein,
> Gebt mir schon so lange holden Schein,
> Lasset freundlich Bild um Bild herein:
> Einmal werdet ihr verdunkelt sein.

Was wir mit den Augen sehen, verbindet unser Gehirn mit Begriffen. Denken wir lediglich über die Begriffe nach, «sehen» wir gewissermassen innerlich, worüber wir nachdenken. Und weil jeder Mensch mit seinen Augen unterschiedliche Dinge sieht und sie mit denselben Begriffen verbindet, haben Menschen, wenn sie über dasselbe nachdenken oder diskutieren, oftmals auch unterschiedliche Vorstellungen von einem einzigen Begriff. Wenn Menschen von Gott sprechen, über Gott nachdenken, dann haben sie deshalb immer ein inneres Bild vor sich, auch wenn sie genau wissen, dass man sich von Gott eigentlich kein Bild machen kann. Viele haben beispielsweise, wenn sie über Gott nachdenken oder zu ihm beten, das Bild eines alten und zugleich hoheitlichen und starken Mannes vor sich, wie ihn Michelangelo an der Decke der Sixtina dargestellt hat. Die feministische Theologie hingegen spricht von Gott als «Sie».

Wir können uns Gott eigentlich nicht vorstellen. Ja, wir können ihn auch nicht richtig denken. So sagte beispielsweise das bedeutendste Konzil des Mittelalters (4. Laterankonzil 1215), dass Gott unaussprechlich und unbegreifbar sei, vergleiche dazu in der grossen Theologie der Neuzeit «Mysterium salutis», Bd. 2, 301: «Trotzdem haben viele Religionen nicht nur innere Bilder von Gott mit Worten umschrieben, sie haben auch Gottesbilder an Kirchenwände und in viele mittelalterliche Stundenbücher gemalt oder in Statuen Gott in Tempeln und auf öffentlichen Plätzen aufgestellt. Strikt verboten ist das allerdings bis heute im Judentum und im Islam.»

Wenden wir uns nun zuerst dem alttestamentlichen, anschliessend dem Gottesbild Jesu zu.

Die allgemeine semitische Gottesbezeichnung ist «*el*».
Die ursprüngliche Bedeutung dieses Wortes ist unsicher. Es wird verschieden interpretiert. So drücken
viele Wortverbindungen der Silbe *el-* nicht das Gefühl
der Verwandtschaft mit Gott aus (z. B. *eliab* = Gott
ist Vater), sondern benennen das Erschauern vor der
überragenden Grösse Gottes (z. B. *elimelek* = Gott ist
König; *elisch^wa* = Gott ist Hilfe). Sie sind zum andern
dadurch bemerkenswert, dass sie die Gottheit nicht mit
irgendeinem Naturgegenstand gleichsetzen, sondern
als hinter der Natur stehende Kraft oder Herrscherwillen bezeichnen.

Diese allgemeine semitische Gottesbezeichnung ging
dann in einige Gottesnamen ein, die in den verschiedenen Stämmen oder Stadtstaaten gebraucht wurden.
Das zeigt, dass im semitischen Raum schon relativ
früh mindestens ein monarchischer Monotheismus geherrscht hat. Auch wenn man verschiedene Gottheiten
kannte, sah man über allen einen einzigen höchsten
Gott. Diese Vorstellung hat sich teilweise bis in die
Psalmen hinein gehalten, so wenn es etwa in Psalm 50
heisst: «Der Gott der Götter, der Herr spricht, er ruft
der Erde zu vom Aufgang der Sonne bis zum Untergang»
(Psalm 50,1). Hier ist deutlich ausgesprochen, dass auch

Israel lange Zeit seinen Gott als den höchsten neben anderen Göttern dachte. Und im Schöpfungsbericht der Genesis wird ja nicht von *el* in der Einzahl gesprochen, sondern von *elohim* in der Mehrzahl (Genesis 1,1), wörtlich übersetzt müsste es also heissen: «Im Anfang schufen die Götter Himmel und Erde». Und im weiteren Verlauf (Vers 26) heisst es: «Lasst uns Menschen machen als unser Abbild, uns ähnlich.»

Je weiter wir dann in der Geschichte Israels voranschreiten, desto stärker setzt sich die Überzeugung durch, dass der Gott, zu dem Israel bittend und dankend betet, nicht nur der Höchste über vielen oder mehreren anderen Göttern ist, sondern dass er der alleinige Herr des Himmels und der Erde ist. Ausgesprochen ist das am klarsten im berühmten «Schema Israel», das als israelitisches Glaubensbekenntnis gilt. Es lautet: «Höre, Israel! Jahwe, unser Gott, Jahwe ist einzig. Darum sollst du den Herrn, deinen Gott, lieben mit ganzem Herzen, mit ganzer Seele und mit ganzer Kraft.» (Deuteronomium 6,4 f.)

Damit aber sind wir schon zum eigentlichen Gottesnamen Israels vorgestossen, der Mose beim brennenden Dornbusch offenbart wurde: «Jahwe». Mose war in Ägypten aufgewachsen. Er lebte am Hofe des Pharao, da ihn die Tochter des Pharao in einem Binsenkörbchen am Nil gefunden hatte (Exodus 1,15–2,10). Als er einmal erblickte, wie ein Ägypter einen Hebräer schlug, brachte er jenen um und floh dann nach Midian

(Exodus 2,11–15). Dort gab ihm Jitro seine Tochter zur Frau, Mose hatte sich nämlich als Schafhirt bei Jitro anstellen lassen (Exodus 2,16–21). Beim Hüten der Schafe hatte er seine grosse Berufungsvision, als er einen brennenden Dornbusch sah, der brannte, aber nicht verbrannte. Dabei erhielt er den Auftrag, das Volk Israel aus der Knechtschaft Ägyptens herauszuführen in die ursprüngliche Heimat der Stammväter Abraham, Isaak und Jakob, nach Kanaan (Exodus 3,1–10). Mose zögerte (Exodus 3,11 f.), sagte dann aber: «Gut, ich werde also zu den Israeliten kommen und ihnen sagen: Der Gott eurer Väter hat mich zu euch gesandt. Da werden sie mich fragen: Wie heisst er? Was soll ich ihnen darauf sagen? Da antwortete Gott dem Mose: Ich bin der ‹Ich-bin-da›. Und er fuhr fort: So sollst du zu den Israeliten sagen: Der ‹Ich-bin-da› hat mich zu euch gesandt. Weiter sprach Gott zu Mose: So sag zu den Israeliten: Jahwe, der Gott eurer Väter, der Gott Abrahams, der Gott Isaaks und der Gott Jakobs hat mich zu euch gesandt. Das ist mein Name für immer» (Exodus 3,13–15).

Zwei wichtige Aussagen über Gott werden in diesem Abschnitt gemacht: Jahwe ist der Gott der Stammväter des Volkes. Er war also ursprünglich ein Stammesgott der altisraelitischen Nomadenstämme. Er hat somit eine lange Tradition. Und er ist der «Jahwe». Dieser Name, Tetragramm genannt, weil er aus vier hebräischen Buchstaben gebildet ist, ist eine Ableitung aus dem Verb «sein». In der mittelalterlichen scholastischen Theologie hat man Gott deshalb im Anschluss an Plato und Aristoteles als den schlechthin Seienden bezeichnet. Während alle Dinge und Lebewesen des Kosmos ihr Sein, ihre Existenz geschenkt und geliehen erhalten, ist Gott derjenige, der sein Sein aus sich selbst hat, der also notwendigerweise existiert. Das meint, Gott ist der Seiende schlechthin. In den früheren deutschsprachigen Übersetzungen hiess es deshalb kurz und prägnant: «Ich bin, der Ich bin.»

Dieses sehr abstrakte Bild von Gott entspricht aber, so sagt die neuere Forschung mit Recht, keineswegs dem Gottesbild der hebräischen Bibel. Sie zeichnet ja vielmehr einen Gott, der in die Geschicke der Welt und der Völker eingreift, der beispielsweise das Herz des Pharao verstockt und zur gleichen Zeit Mose zum Befreier des Volkes beruft, also ein Gott, der «da», anwesend ist, «da» mitten in der Geschichte der Völker und in der Geschichte jedes einzelnen Menschen. Es ist ein handelnder Gott, den uns die Bibel des Alten Testamentes sozusagen auf allen Seiten vermitteln will. Deshalb die neue Übersetzung des Gottesnamens Jahwe mit «Ich bin da» oder sogar mit «Ich bin da für euch». Deshalb ist die hebräische Bibel keine abstrakte Theorie über das Wesen Gottes, sondern eine Erzählung darüber, wie die Menschen Gottes Handeln in der Welt und in seinem Volk glaubend erfuhren, und eine Schilderung, wie sich dieses Volk zu Gott verhielt, ihn verehrte oder ablehnte, zu ihm betete oder mit ihm haderte, seine Gebote und Vorschriften einhielt oder übertrat. Kurz: Wir haben es mit einem äusserst dynamischen Bild von Gott zu tun. Der Schöpfer des Alls und der Menschen greift immer wieder in die Geschichte der Menschen ein. Er droht ihnen Unheil an und verheisst ihnen Versöhnung und Heil: Er lässt durch die Propheten eine schwere Zeit des «Gerichts» über die Welt ankündigen, zugleich aber erklären diese Sprecher Gottes, dass dieses «Gericht» immer nur die Voraussetzung für eine folgende Heilszeit sei. Dass ein «Gericht», das zur Abkehr vom falschen Tun führt, notwendige Voraussetzung für eine Heilszeit ist, veranschaulichen Texte wie Psalm 82, Joël 1,15–4,20 (hier wird für «Gericht» «Tag des Herrn» verwendet), Amos 9,7–15 oder Jeremia 12,14–17.

Obwohl Israel also von der überragenden Grösse und Macht Gottes überzeugt war, zeichnete es auch ein sehr menschliches Bild von diesem Gott, der auf der einen Seite Sodom und Gomorra wegen ihrer grossen Sünde zerstört und auf der andern Seite sein Volk auf Adlerflügeln trägt und es vor seinen Feinden beschützt. Man lese, um diesem facettenreichen Gottesbild etwas auf die Spur zu kommen, nur einmal die Psalmen durch oder erinnere sich an die berühmte Vision des Propheten Elija, wie sie im 19. Kapitel des 1. Königsbuches beschrieben ist: «Der Herr antwortete Elija: Komm heraus, und stell dich auf den Berg vor den Herrn! Da zog der Herr vorüber: Ein starker, heftiger Sturm, der die Berge zerriss und die Felsen zerbrach, ging dem Herrn voraus. Doch der Herr war nicht im Sturm. Nach dem Sturm kam ein Erdbeben. Doch der Herr war nicht im Erdbeben. Nach dem Beben kam ein Feuer. Doch der Herr war nicht im Feuer. Nach dem Feuer kam ein sanftes, leises Säuseln. Als Elija es hörte, hüllte er sein Gesicht in den Mantel, trat hinaus und stellte sich an den Eingang der Höhle. Da vernahm er eine Stimme, die ihm zurief: Was willst du hier, Elija?» (Verse 11–13). Nach dieser Gotteserscheinung erhält der Prophet neue Aufträge. In diesem wichtigen Abschnitt wird deutlich, dass Jahwe offenbar ursprünglich Züge eines Gewittergottes trug, hier aber als einer offenbar wird, der in der Stille zum Menschen spricht. Vergleiche damit die Gottesoffenbarung an Mose auf dem Berg Sinai (ein anderer Name für den Berg Horeb): «Am dritten Tag, im Morgengrauen, begann es zu donnern und zu blitzen. Schwere Wolken lagen über dem Berg, und gewaltiger Hörnerschall erklang.» (Exodus 19,16)

Eines muss nun zum Schluss unbedingt noch hinzugefügt werden, dieser Gott Israels ist nicht nur der Gott, der am Anfang Himmel und Erde erschaffen hat und in den vergangenen Zeiten die Stammväter Israels leitete, immer wieder in die Geschichte Israels und der Völker eingriff, er ist auch der Gott der Zukunft. An vielen Stellen verheissen die Propheten ein messianisches Reich, das oft als eine Wiederherstellung des davidischen Reiches in seiner territorialen Grösse und Macht beschrieben wird, an andern Stellen aber als ein Reich des Friedens und der Gerechtigkeit für die ganze Welt, wie es etwa bei Jesaja heisst: «Der Herr der Heere wird auf diesem Berg für alle Völker ein Festmahl geben mit den feinsten Speisen, ein Gelage mit erlesenen Weinen, mit den besten und feinsten Speisen, mit besten erlesenen Weinen. Er zerreisst auf diesem Berg die Hülle, die alle Nationen verhüllt, und die Decke, die alle Völker bedeckt. Er beseitigt den Tod für immer. Gott, der Herr, wischt die Tränen ab von jedem Gesicht. Auf der ganzen Erde nimmt er von seinem Volk die Schande hinweg. Ja, der Herr hat gesprochen» (Jesaja 25,6–8). Dieses Bild wird dann in der Offenbarung des Johannes im Neuen Testament wieder aufgenommen (Kapitel 21, Verse 3 und 4).

ZUSAMMENFASSUNG

Der Monotheismus Israels, der sich aus einem ursprünglichen Monarchianismus entwickelte (ein höchster Gott, unter ihm aber eine mehr oder weniger grosse Zahl niedrigerer Gottheiten), wurde im Verlauf der Geschichten und Reden, die uns die hebräische Bibel überliefert, von der Vorstellung eines blossen Volksgottes immer mehr zum einen Gott aller Völker und zu einem Gott, der allen Völkern und Menschen eine gute Zukunft bereiten wird, in der selbst der Untergang eines Stammes, der sich von Gott führen lässt, verhindert (Rut 1–4) und sogar der individuelle Tod überwunden werden können (Ezechiel 37,1–14).

Jesus von Nazaret, von dem wir *historisch gesichert* nur sagen können, dass er nach kurzer Wirksamkeit unter dem römischen Statthalter Pontius Pilatus im April des Jahres 30 hingerichtet worden ist, wird im Prolog des Johannesevangeliums als *logos*, als Wort Gottes bezeichnet. Das meint, dass er in seinem Leben und Wirken ein an die Welt gerichtetes Wort Gottes ist. Jesus ist aber nicht nur in seiner Person ein Wort Gottes, er hat in seiner Tätigkeit auch über Gott gesprochen und auch in seinem heilenden Wirken gezeigt, wer Gott für die Menschen ist.

Jesus war Jude, und besonders die synoptischen Evangelien (Markus, Matthäus, Lukas) zeigen, dass er in seiner Predigt in der Tradition des jüdischen Prophetentums stand. Das belegen zahlreiche Aussagen Jesu, in denen er Prophetenworte zitiert. Er gehörte wohl zunächst zur Jüngerschar des Täufers Johannes, einem Verwandten mütterlicherseits, und liess sich auch von ihm taufen. Dabei wurde er vom Geist Gottes erfüllt, der fortan sein Leben und Handeln bestimmte. Der Täufer und seine Jünger zählten zur apokalyptischen Bewegung im damaligen Judentum. Diese verkündete, dass die Herrschaft und das Reich Gottes unmittelbar bevorstünden: «Kehrt um! Denn das Himmelreich ist nahe» wird bei Matthäus 3,2 als Wort des Täufers überliefert. Und in Markus 1,15 sagt Jesus fast wörtlich gleich: «Die Zeit ist erfüllt, das Reich Gottes ist nahe. Kehrt um, und glaubt an das Evangelium!» Matthäus gebraucht den Ausdruck «Himmelreich» anstelle von «Gottesreich», um nach jüdischem Brauch den Gottesnamen zu vermeiden. Inhaltlich meint er aber das Gleiche.

Gottesreich oder Gottes Herrschaft sind für die Juden zur Zeit Jesu vertraute Begriffe; denn die Propheten haben immer wieder diese Worte gebraucht, um dem Volk in Zeiten der Bedrängnis die Hilfe Gottes anzusagen; die beiden Ideen, die mit dem messianischen Reich in Verbindung gebracht werden, habe ich zuvor beschrieben. Wir haben bei der prophetischen Verkündigung also sowohl einen politischen Messianismus, als auch – und zugleich – einen eschatologischen (endzeitlichen). Zum Ersten vergleiche etwa Jesaja 9,6: «Seine Herrschaft ist gross [gemeint ist die Herrschaft des Messias], und der Friede hat kein Ende. Auf dem Thron Davids herrscht er über sein Reich, er festigt und stützt es durch Recht und Gerechtigkeit, jetzt und für alle Zeiten.» Dann aber Sacharja 9,9 f.: «Juble laut, Tochter Zion! Jauchze, Tochter Jerusalem! Siehe, dein König kommt zu dir. Er ist gerecht und hilft; er reitet auf einem Esel, auf einem Fohlen, dem Jungen einer

Eselin. Ich vernichte die Streitwagen aus Ephraim und die Rosse aus Jerusalem, vernichtet wird der Kriegsbogen. Er verkündet für die Völker den Frieden; seine Herrschaft reicht von Meer zu Meer und vom Euphrat bis an die Enden der Erde.» Schon bei diesen beiden Beispielen merken wir, dass es gar nicht leicht ist, die prophetischen Aussagen zur messianischen Herrschaft Gottes mehr innerweltlich zeitlich oder mehr endzeitlich zu verstehen. Diese Mehrdeutigkeit messianischer Aussagen wird später unter anderem zum Konflikt der Pharisäer mit Jesus führen.

Der Täufer verkündet den Anbruch der Gottesherrschaft als nahe bevorstehend, und Jesus verknüpft ihn mit seinem eigenen Kommen und Wirken, ja mit seiner eigenen Person. Was für ein Gottesbild steckt hinter der Vorstellung einer Gottesherrschaft, wie Jesus sie verkündet hat, hinter der Vorstellung von einem guten Endzustand der Welt, die jetzt noch, wie Paulus sagt, in Geburtswehen liegt (vgl. Römerbrief 8,22)? Diesem versuchen wir uns mit Hilfe der Matthäusfassung des Vaterunsers zu nähern, weil hierin zahlreiche Vorstellungen aus der jüdischen Gebetstradition eingeflossen sind, in der Jesus stand (parallel dazu empfehle ich Nr. 183 der Zeitschrift «Bibel heute», Heft 3/2010 – «Vater unser» –, die sich in verschiedenen Zugängen derselben Frage nähert). Auch über die Gleichnisse liesse sich die Gottes-Verkündigung Jesu erheben. Wir wollen uns jedoch auf das Herrengebet beschränken.

Das «Vater unser» (Matthäus 6,9–13) beginnt mit der vertrauensvollen Anrede *abba* (Vater, Papa). «Vater unser» heisst es, und damit ist auch gleich gesagt, dass Gott nicht nur der Vater Jesu, sondern der Vater aller Menschen ist. Jesus verkündigt einen Gott, der sich den Menschen in Liebe zuwendet, einen Gott, vor dem wir uns nicht zu fürchten brauchen. Wir dürfen uns in Ehrfurcht und Liebe an ihn wenden, müssen vor ihm keine Angst haben. Gott «Vater» zu nennen, war im Judentum durchaus gebräuchlich. Ihn aber direkt als *abba* anzusprechen, ist nach manchen (nicht allen) Exegeten eine ganz originäre Schöpfung Jesu. Dass Gott wie ein guter Vater ist, betonen auch zahlreiche Gleichnisse, die Jesus erzählt hat und die vielen von uns geläufig sind. Erinnert sei an das Gleichnis vom verlorenen und wiedergefundenen Sohn.

Die erste Bitte des «Unservaters» – so die reformierte Bezeichnung – lautet: «Geheiligt werde dein Name.» Das ist nicht etwa, wie oft fälschlicherweise angenommen wird, eine Aufforderung an uns Menschen, sondern, wie die passivische Form anzeigt, eine Bitte um etwas, das Gott selbst tun soll. Er soll die Heiligkeit seines Namens, und das ist nichts anderes als die Heiligkeit seiner Gegenwart unter uns Menschen, durchsetzen. Was meint «Heiligkeit», wenn wir sie von Gott aussagen? Wenn in der Bibel immer wieder von Gottes Heiligkeit gesprochen wird, dann ist damit seine ganz andere Daseinsweise und Wirkweise als diejenige von uns Menschen ausgesagt. Gott, der ganz Andere: Das war eines der grossen Anliegen der Theologie von Karl Barth (1886–1968; z. B. in «Die Kirchliche Dogmatik» IV,4 §75). Schon Thomas von Aquin sagte im 13. Jahrhundert, wir können von Gott eher sagen, wie er nicht ist, als wie er ist («Summa Theologiae» I, quaestio 2). Der protestantische Theologe Rudolf Otto (1869–1937) hat in seinem Buch «Das Heilige» von 1917 das Göttliche als Numinoses mit den Worten *tremendum et fascinosum* (das zugleich Erschreckende und Faszinierende) umschrieben: Wir erschauern vor Gottes Grösse und werden zugleich von ihr angezogen. Gott ist nicht ein Gegenstand oder eine Person der Welt, sondern er steht der Welt als ihr Schöpfer und als ihr innerster Urgrund gegenüber. Er ist der Schöpfung zugleich transzendent und immanent. Wegen dieser Erhabenheit Jahwes durfte im Alten Testament der Hohepriester nur einmal im Jahr, am grossen Versöhnungstag, in das Allerheiligste des Tempels eintreten, wo Gott nach der Auffassung Israels vermittels der Bundeslade besonders gegenwärtig war. Die vertraute Anrede Gottes mit «Vater» durch Jesus hat uns diesen fernen Gott nahegebracht.

Dieser Gott will seine Herrschaft und sein Reich unter den Menschen aufrichten. Deshalb lautet die zweite Bitte des Herrengebetes: «Dein Reich komme!» Mit dieser Bitte steht Jesus ebenfalls ganz in der prophetischen Tradition des Judentums, die vom kommenden messianischen Reich spricht. Nur wird bei Jesus deutlich, dass diese Herrschaft Gottes nicht nur das jüdische Volk betrifft, sondern alle Menschen. In der Endzeitrede bei Matthäus heisst es: «Der Menschensohn wird seine Engel unter lautem Posaunenschall aussenden, und sie werden die von ihm Auserwählten aus allen vier Windrichtungen zusammenführen, von einem Ende des Himmels bis zum andern» (Matthäus 24,31). Dass diese Bitte um das Kommen des Reiches an so prägnanter Stelle steht, macht deutlich, dass es Jesus in seiner Verkündigung vor allem um dieses Kommen geht. Zahlreiche Gleichnisse sprechen denn auch mit konkreten, aus dem Alltagsleben der damaligen Zeit genommenen Zügen von diesem Reich. Matthäus hat viele von ihnen in seinem 13. Kapitel zusammengefasst. Das für uns bis heute wohl schönste Bild für dieses Reich ist das Bild vom himmlischen Hochzeitsmahl. Hier ist Gott der Gastgeber, wir sind die Gäste, Himmel und Erde verschmelzen in einem einzigen grossen Fest (Matthäus 22,1–14).

Das in der Rede von der Herrschaft und vom Reich Gottes vermittelte Bild, das Jesus von Gott hatte und das er den Menschen verkündete, war sehr konkret und wurde von seinem Handeln unterstrichen. Er ist ein Gott, der sich um die Menschen kümmert, wie uns das Wort aus der Bergpredigt von den Lilien des Feldes und den Vögeln des Himmels sagt. Mt 6,30: «Wenn aber Gott schon das Gras so prächtig kleidet, das heute auf dem Feld steht und morgen ins Feuer geworfen wird, wieviel mehr dann euch, ihr Kleingläubigen!» Der Sorge Gottes für die Menschen entspricht auf der Seite der Menschen das Vertrauen in Gott und die Absage an ein falsches Sich-Sorgen um die irdischen Dinge. Mit dieser Mahnung Jesu ist eine innere Haltung gemeint, nicht eine Absage an eine auch im Materiellen vernünftige Planung. Aber nicht der Anhäufung von Reichtum soll die erste Aufmerksamkeit des Menschen gelten (wohin sie im Grossen und im Kleinen führen kann, erleben wir in wirtschaftlichen Krisen), sondern dem Kommen der Gottesherrschaft, dem messianischen Reich des Friedens und der Gerechtigkeit für alle. Dem Gottesbild Jesu, das eng mit dem Gedanken der Gottesherrschaft verknüpft ist, entspricht deshalb auf der Seite des menschlichen Handelns die Solidarität aller Menschen untereinander, sind sie doch Kinder, Töchter und Söhne des himmlischen Vaters, gleich welcher Rasse und Hautfarbe, auch gleich welcher Religion und Weltanschauung.

Diese Verkündigung Jesu von einem guten und hilfreichen Gott, die sich auch in Jesu Krankenheilungen zeigt, behält ihre Gültigkeit auch angesichts des unermesslichen Leids und der Schrecken alles Bösen, die immer wieder über Menschen und Völker hereinbrechen. Wie man trotzdem darauf hoffen kann, werde ich im nächsten Kapitel «Der rätselhafte Gott» zeigen.

Die dritte Bitte des Vaterunsers lautet: «Dein Wille geschehe wie im Himmel, so auf Erden.» Man hat diese Bitte lange spiritualisierend verstanden als Bitte um die Ergebenheit und Fügsamkeit des Menschen in das, was ihm in seinem Leben widerfährt. Sie ist aber aktiv zu verstehen, und zwar in einem doppelten Sinn: Gott möge seinen Willen, seinen Plan, den er mit der Schöpfung hat, durchsetzen, und wir sollen uns in diesen Plan einfügen und Gottes Willen nicht widersetzen. Damit kommen wir zu einem weiteren Zug im Gottesbild Jesu. Gott ist auch als liebender Vater einer, der an uns Menschen Forderungen stellt, der von uns etwas erwartet. Ausgedrückt ist diese Erwartung konkret in den zehn Worten des Dekalogs und in der Bergpredigt Jesu, ja, schon im bereits genannten Schema Israel: «Höre Israel, Jahwe ist der einzige Gott, und du sollst den Herrn deinen Gott lieben aus ganzem Herzen, aus ganzer Seele und mit allen deinen Kräften». Jesus fügte noch das bedeutsame Wort hinzu: «und deinen Nächsten wie dich selbst.» So ist dem Gottesbild Jesu der Zug angefügt, dass Gott an uns Menschen eine Erwartung hat, die Erwartung, seinem Willen nichts entgegenzusetzen. Wir können die Herrschaft Gottes nicht herbeiführen, aber wir sollen für ihr Kommen offen sein.

Mit der vierten Bitte wird aufgenommen, was uns für unser irdisches Leben not tut: «Gib uns heute unser tägliches Brot.» Diese Bitte zeigt, dass es dem Gott Jesu um den ganzen Menschen geht, nicht nur um sein endzeitliches Heil, sondern um Gesundheit und Wohlergehen schon hier und heute. Der Gott Jesu ist, ganz nach jüdischer Tradition, nicht bloss ein überirdischer Herrscher, sondern ein Gott der Geschichte. So dürfen wir ihn denn um all das bitten, was wir heute brauchen, was wir heute nötig haben. Jesus hat das auch in seinem Handeln gezeigt, indem er den Menschen wirklichen Fisch und wirkliches Brot zu essen gab und indem er sie von ihren verschiedenen Krankheiten heilte. Die vierte Bitte erweitert somit die zweite Bitte: Gott will eine für den Menschen heilsame Welt; zudem hat er aber die Möglichkeit, in die Welt aktiv einzugreifen. Er ist nicht nur Herr der Geschichte, sondern auch ihr Gestalter.

Die Bitte um Vergebung der Schuld, die sich der Brotbitte anschliesst, sagt uns, dass wir vor Gott schuldig werden können, dass er aber auch bereit ist, uns unsere Schuld zu vergeben. In meiner Kinderzeit bezeichnete man diese Schuld gern als «Beleidigung Gottes». Dieser Begriff und das Gottesbild dahinter scheinen uns eher befremdlich. Gott wird durch das böse Tun des Menschen, durch die Übertretung der Gebote nicht beleidigt. Eine solche Ansicht würde zu menschlich von Gott denken. Sünde und Schuld sind vielmehr Störung der Schöpfungsordnung, die Gott der Welt eingestiftet hat. Diese Störung verzeiht uns Gott, aber getanes Unrecht ist auch wiedergutzumachen. Jesus leitet daraus die Forderung ab, dass auch die Menschen einander verzeihen sollen, wenn sie aneinander schuldig geworden sind. Die Jüngerschar Jesu ist deshalb eine Gemeinschaft, in der man einander immer wieder verzeiht. Davon ist in den Evangelien und in den übrigen Schriften des Neuen Testamentes eingehend die Rede.

Die letzte Bitte des Vaterunsers lautet: «Und führe uns nicht in Versuchung, sondern erlöse uns von dem Bösen.» Wenn Jesus dies so gesagt hat, geht er auch davon aus, dass Gott Herr über das Böse ist: Er kann Versuchungen und Prüfungen auferlegen, er hat es aber in der Hand, dass der Glaube des Menschen an ihn nicht auf eine zu grosse Probe gestellt wird. Er wird am Ende der Zeiten die Welt so neu schaffen, dass alles Böse überwunden ist, dass es auch nichts mehr gibt, was die Menschen von Gott trennt.

Für die späteren Kapitel sei bereits hier darauf hingewiesen, dass Jesus an keiner Stelle erwähnt, es bedürfe für die Erlösung irgendeines Opfers oder einer Sühneleistung. Seine Intentionen des Gebets beschreiben umfassend das Verhältnis des Menschen zu Gott.

Ich überlasse es den Lesenden, die verschiedenen Facetten des Gottesbildes Jesu, wie sie im Herrengebet begegnen, zusammenzufassen und in die eigene Glaubensüberzeugung zu übersetzen. Welches Gottesbild Jesus wirklich hatte und ob es ein eindeutig festlegbares war, lässt sich nicht klären, nur annäherungsweise interpretieren. Ich will aber drei ganz verschiedene Gedichte aus der profanen Literatur anfügen, in denen drei ganz verschiedene Bilder von Gott in lyrischer Form zur Sprache und zur Interpretation kommen.

Friedrich Nietzsche (1844–1900)
DEM UNBEKANNTEN GOTTE

entstanden im Frühherbst 1864, in der Anfangszeit seines Theo-
logie- und Philosophiestudiums in Bonn

Noch einmal, eh ich weiter ziehe
Und meine Blicke vorwärts wende,
Heb ich vereinsamt meine Hände
Zu dir empor, zu dem ich fliehe,
Dem ich in tiefster Herzenstiefe
Altäre feierlich geweiht,
Dass allezeit
Mich deine Stimme wieder riefe.

Darauf erglüht tief eingeschrieben
Das Wort: Dem unbekannten Gotte.
Sein bin ich, ob ich in der Frevler Rotte
Auch bis zur Stunde bin geblieben:
Sein bin ich – und ich fühl die Schlingen,
Die mich im Kampf darniederziehn
Und, mag ich fliehn,
Mich doch zu seinem Dienste zwingen.

Ich will dich kennen, Unbekannter,
Du tief in meine Seele Greifender,
Mein Leben wie ein Sturm Durchschweifender,
Du Unfassbarer, mir Verwandter!
Ich will dich kennen, selbst dir dienen.

(Friedrich Nietzsche: Hundert Gedichte,
hg. v. Jens-Frietje Dwars, Berlin 2006, 47)

Rainer Maria Rilke (1875–1926)

DAS STUNDENBUCH, ERSTES BUCH: VOM MÖNCHISCHEN LEBEN

entstanden 24.9.1899 in Berlin-Schmargendorf

Ich finde dich in allen diesen Dingen,
denen ich gut und wie ein Bruder bin;
als Samen sonnst du dich in den geringen
und in den grossen gibst du gross dich hin.

Das ist das wundersame Spiel der Kräfte,
dass sie so dienend durch die Dinge gehn:
in Wurzeln wachsend, schwindend in die Schäfte
und in den Wipfeln wie ein Auferstehn.

(Rainer Maria Rilke: Sämtliche Werke, Band 1–6,
Band 1, Wiesbaden/Frankfurt a. M. 1955–1966, 266)

Eduard Mörike (1804–1875)

zweite Strophe erstmals veröffentlicht 1832, als zweistrophiges
Gedicht 1848

1.
Herr! schicke, was du willt,
Ein Liebes oder Leides;
Ich bin vergnügt, dass beides
Aus deinen Händen quillt.

2.
Wollest mit Freuden
Und wollest mit Leiden
Mich nicht überschütten!
Doch in der Mitten
Liegt holdes Bescheiden.

(Eduard Mörike: Werke in einem Band, Hg. Herbert G.
Göpfert, München/Wien 1977 ⁶2004, 127)

DER RÄTSELHAFTE GOTT –
ÜBERLEGUNGEN ZUR THEODIZEE

EINLEITUNG

Es sei gleich vorausgeschickt, dass dieses Kapitel nicht aus bloss wissenschaftlicher Absicht entstanden ist, sondern aus grosser persönlicher Betroffenheit heraus. Verschiedene längere Klinik- und Spitalaufenthalte und ausgiebige Gespräche als Seelsorger mit vom Schicksal schwer getroffenen Menschen haben mich immer wieder vor die Frage gestellt: Wie ist die Realität des Bösen und des Leides in der Welt mit dem Glauben an einen guten Schöpfergott, wie ihn Jesus Christus verkündet hat, vereinbar? Diese Frage stellen sich wohl allabendlich auch viele Menschen,

wenn sie in der Tagesschau des Fernsehens oder in den Nachrichten des Radios von Hunderten von Toten hören, die durch eine Unwetterkatastrophe oder durch Hunger ums Leben gekommen sind, oder wenn sie von jenen hören, die in Terror und kriegerischen Auseinandersetzungen starben oder schwer verstümmelt wurden. Kann man angesichts unserer blutigen Menschheitsgeschichte an einen guten, ja, überhaupt noch an einen Gott glauben?

Diese Fragen sind nicht neu. Bereits das Buch Jiob im Alten Testament, das seine heute vorliegende Form in nachexilischer Zeit (nach dem Babylonischen Exil, etwa ab 538 v. Chr.) gefunden hat, stellte sie mit aller Schärfe. Der begüterte und fromme Jiob verliert durch eine Reihe von Schicksalsschlägen all sein Hab und Gut und durch einen Sturm, der sein Haus einstürzen lässt, auch seine Söhne und Töchter. Schliesslich wird er von einer schweren Krankheit heimgesucht, so dass er buchstäblich in der Asche landet. Da kommt seine Frau und sagt zu ihm: «Hältst du immer noch fest an deiner Frömmigkeit? Lästere Gott und stirb!» Jiob aber sprach zu ihr: «Wie eine Törin redet, so redest du. Nehmen wir das Gute an von Gott, sollen wir dann nicht auch das Böse annehmen? Bei all dem sündigte Jiob nicht mit seinen Lippen.» (vgl. Jiob 2,9–10)

Trotzdem Jiob Gott gegenüber seiner Frau verteidigt, hält er sein Leid für ungerechtfertigt. Dies vor dem

Hintergrund der damals allgemein verbreiteten Überzeugung eines Tun-Ergehen-Zusammenhangs: Tu
Gutes, dann bist du von Gott gesegnet; versündige
dich, und Gott straft dich. Sein unverschuldetes Lei-
denmüssen kann der rechtschaffene Jiob vor diesem
Hintergrund nicht verstehen. Er verliert aber nicht
seinen Glauben, sondern hadert mit Gott. Dieser aber
erklärt das Leiden des Gerechten nicht, vielmehr weist
er Jiob darauf hin, die Pläne Gottes nicht durchschau-
en zu können. Niemand hat Einsicht in seinen «Rat-
schluss». Gott bleibt für Jiob ein Rätsel, Jiob erkennt
dies und ergibt sich in eine Haltung des Hoffens. Er
legt sein Gottesbild ab, das diesen ungerecht und will-
kürlich erscheinen lässt, und hofft darauf, dass Gott
den Menschen das Leid überwinden lässt. In der biblischen Rahmenerzählung erhält Jiob denn auch nach
seinem Glaubensbekenntnis seine Güter um ein Vielfa-
ches ersetzt. Wörtlich heisst es: «Der Herr aber segnete
die spätere Lebenszeit Jiobs mehr als seine frühere. Er
besass vierzehntausend Schafe, sechstausend Kamele,
tausend Joch Rinder und tausend Esel. Auch bekam er
sieben Söhne und drei Töchter» (42,12–13).

Nicht alle Menschen finden durch das Leid hindurch zu einem solchen Vertrauensglauben wie Jiob
in Gott. Und in den wenigsten Fällen erfolgt nach dem
Leid eine solche Überhäufung mit Glück.

Die Spannung, die in der Tatsache erfahrenen Leids
und dem Glauben an einen Gott besteht, der schliess-

lich doch alles zum Guten wendet, drücken zwei Gedichte von Friedrich Hölderlin auf unüberbietbare Weise aus. Da ist zuerst Hyperions Schicksalslied, das das dunkle Schicksal des Menschen mit der Seligkeit der überirdischen Genien vergleicht. Es heisst:

> Ihr wandelt droben im Licht,
> Auf weichem Boden, seelige Genien!
> Glänzende Götterlüfte
> Rühren euch leicht,
> Wie die Finger der Künstlerin
> Heilige Saiten.
>
> Schiksaallos, wie der schlafende
> Säugling, athmen die Himmlischen;
> Keusch bewahrt
> In bescheidener Knospe,
> Blühet ewig
> Ihnen der Geist,
> Und die seeligen Augen
> Bliken in stiller
> Ewiger Klarheit.
>
> Doch uns ist gegeben,
> Auf keiner Stätte zu ruhn,
> Es schwinden, es fallen
> Die leidenden Menschen
> Blindlings von einer
> Stunde zur andern,

Wie Wasser von Klippe
Zu Klippe geworfen,
Jahr lang ins Ungewisse hinab.

(Friedrich Hölderlin: Sämtliche Werke. Grosse Stuttgarter Ausgabe Bd. I: Gedichte bis 1800, Hälfte 1: Text, Hg.: Friedrich Beißner/Adolf Beck, Stuttgart 1946, 265)

Dieser tragischen Schau des Menschenschicksals steht dann in einem der letzten Gedichte Hölderlins eine grosse Hoffnung gegenüber. Sie ist ausgesprochen in kurzen vier Zeilen:

Die Linien des Lebens sind verschieden
Wie Wege sind, und wie der Berge Gränzen.
Was hier wir sind, kann dort ein Gott ergänzen
Mit Harmonien und ewigem Lohn und Frieden.

(Friedrich Hölderlin: Sämtliche Werke. Grosse Stuttgarter Ausgabe Bd. II: Gedichte nach 1800, Hälfte 1: Text, Hg.: Friedrich Beißner/Adolf Beck, Stuttgart 1946, 268)

AUSEINANDERSETZUNG MIT DER THEODIZEE-FRAGE

In den folgenden Ausführungen stütze ich mich vor allem auf folgende Literatur:

Walter Gross/Josef Kuschel: «Ich schaffe Finsternis und Unheil». Ist Gott verantwortlich für das Unheil? (Mainz 1992)

Willi Oelmüller (Hg.): Worüber man nicht schweigen
kann. Neue Diskussionen zur Theodizeefrage
(München 1994)
Johann Baptist Metz (Hg.): «Landschaft aus Schreien».
Zur Dramatik der Theodizeefrage (Mainz 1995)

WAS SAGT DIE BIBEL?

Zuerst ein Beispiel aus dem Buch Jesaja. Es zeigt in
seinem historischen Umfeld, dass ein Prophet auch
scheitern kann. In der Berufungsvision (Jesaja 6,1–11)
steht am Schluss das berühmte Verstockungswort Gottes: «Geh und sag diesem Volk: Hören sollt ihr, hören
aber nicht verstehen. Sehen sollt ihr, sehen, aber nicht
erkennen. Verhärte das Herz dieses Volkes, verstopf
ihm die Ohren, verkleb ihm die Augen, damit es mit
seinen Augen nicht sieht und mit seinen Ohren nicht
hört, damit sein Herz nicht zur Einsicht kommt und
sich nicht bekehrt und nicht geheilt wird.» Gott selbst
bewirkt also, dass das Volk nicht auf den Propheten
hören wird. Was dann tatsächlich in einer schwieri-
gen politischen Situation, der Bedrohung durch Aram
auch eintrifft. Der Prophet bekommt mit seiner Dro-
hung nicht recht. Er scheitert.

Das Verstockungsmotiv, das ja nichts anderes besagt,
als dass Gott an der Schuld der Menschen mitschuldig
ist, findet sich im ganzen Alten Testament: Gott hat

auch Finsternis und Unheil erschaffen (vgl. Jesaja 45,7). An anderer Stelle: Gott hat nur Gutes und alles gut – aber er hat nicht alles erschaffen (vgl. Genesis 1,1–2,4a). Dramatisch wird es in den Psalmen, wo Gott sogar als Feind des Einzelnen erscheinen kann (vgl. Psalm 88,9). Hier spricht der Beter: «Entfernt hast du meine Vertrauten von mir, zum Abscheu für sie hast du mich gemacht, zum Gefangenen, ich kann nicht herauskommen!» Viele alttestamentliche Stellen erzählen auch davon, dass die Israeliten glaubten, Gott nehme das Unheil in Dienst, um für sein Volk Heil zu erwirken; so lässt Gott die Ägypter im Roten Meer untergehen, als sie bereits die Verfolgung der Mose-Gruppe aufgaben und sich zurückzogen (Exodus 14,23–30); andernorts wird der Perserkönig Kyros in Dienst genommen, um Unheil über Babylon zu bringen und so das Babylonische Exil der Israeliten zu beenden (z. B. Jeremia 50–51). Im Neuen Testament führt sich das Verstockungsmotiv fort. Die Christen sahen sich nach dem Kreuzestod Jesu vor die Frage gestellt, warum Gott seinen Messias Jesus scheitern liess. Warum hat er das Herz Israels verstockt, dass es den Messias nicht anerkannte, sondern ablehnte? Die Frage der Mitverantwortung Gottes angesichts des Versagens seines Volkes ist so in beiden Testamenten ausserordentlich virulent. Sie ist letztlich eine Frage nach dem Wesen Gottes, an den man sich in schwerer Not wendet. Es ist die Warum-Frage, die sogar so weit gehen kann, dass man Gott zur Umkehr aufruft.

Die Antwort auf diese Frage suchte man schliesslich in der eschatologischen Hoffnung, die sich auf den Glauben an die Auferweckung Jesu gründete: Einmal wird Gott alles gut machen. Es wird einen neuen Himmel und eine neue Erde geben, in denen die Gerechtigkeit wohnt. Die Toten werden auferstehen und sich im Angesicht Gottes zusammen mit allen Engeln und Heiligen einer ewigen Seligkeit erfreuen. So ausgeführt vor allem in der Offenbarung des Johannes. Ich werde darauf zurückkommen.

DIE NACHBIBLISCHE THEOLOGIEGESCHICHTE

Eine Zusammenfassung der kirchenamtlichen (katholischen) Lehre zu unserem Thema sucht man vergebens. Die diesbezüglichen Aussagen sind verstreut über Dokumente aus verschiedenen Jahrhunderten. Zu beachten sind dabei folgende Unterscheidungen des *malum* (lat. für Böses, Unheil, Übel, Leid): Sie betreffen das physische *malum* (Krankheiten, Leiden, Katastrophen) einerseits und das moralische *malum* (Sünde, Schuld, Unrecht) anderseits. Sie unterscheiden auch zwischen einem Bewirken durch Gottes Handeln und einem blossen Zulassen, einem Vorauswissen (des bevorstehenden Unheils) und einer Vorherbestimmung zum Bösen.

Kurz zusammengefasst sagen die offiziellen kirchlichen Dokumente: **1.** Alles ist von Gott geschaffen. **2.** Das *malum* hat keine eigene Substanz, es ist «nur» ein Fehlen von Gutem. **3.** Es gibt ein Vorherwissen Gottes in Bezug auf das Böse, aber keine Vorherbestimmung zum Bösen. **4.** Das *malum* ist von Gott zugelassen um eines grösseren Gutes willen.

In aller Kürze seien nun einzelne Positionen bedeutender Theologen dargelegt.

AUGUSTINUS VON HIPPO (354–430)

Er huldigte anfänglich in seiner manichäischen Periode einem metaphysischen Dualismus: Welt und Mensch sind zerrissen zwischen den zwei Prinzipien von Geist und Materie, Licht und Finsternis, Gut und Böse, Gott und Teufel. Die Existenz des Bösen in der Welt erklärt sich aus dem entsprechenden metaphysischen Prinzip.

Nach seiner Abwendung vom Manichäismus, seiner Bekehrung und Taufe ändert sich das Denken des Augustinus grundlegend. Alles, was ist, erklärt sich nur aus einer einzigen Quelle, aus Gott selbst. Jedes einzelne geschaffene Ding ist gut; die geschaffenen Dinge zusammen aber sind sehr gut, weil sich aus all den guten Einzeldingen die wunderbare Schönheit der Gesamtwelt zusammensetzt. Auch das Übel hat in der kosmischen Ordnung seinen Platz, ja es hat eine ganz bestimmte Funktion. Es hat die Aufgabe, die Ästhetik des Kosmos zu steigern, es soll das Gute erst richtig hervorheben. – Woher aber kommt das moralische Übel, das Böse? Es stammt aus dem von dem unwandelbaren Gut (Gott) abgefallenen Willen des wandelbar Guten (des Geschöpfes), der Engel zunächst, sodann der Menschen (vgl. die Schrift über den freien Willen, 387). Nicht Gott also, sondern der Missbrauch des freien Willens durch die Geschöpfe ist schuld an der Existenz des Bösen. Und da dieser Missbrauch des freien Willens (die Ablehnung Gottes) schon zu Beginn des Menschengeschlechtes in der Ursünde erfolgte, ist das Böse von Anfang in der Welt und wird durch die Erbsünde weitergegeben. Augustinus wurde so, nachweislich durch eine falsche Interpretation von Römer 5,12, zum Vater der Erbsündenlehre, die in der Folge eine starke theologische Nachwirkung haben sollte. Die Frage nach einer Verantwortung oder gar Schuld Gottes am Übel und am Bösen konnte so für Augustinus gar nicht gestellt werden, seine Ontologie, Kosmologie und Anthropologie verhindern eine solche Fragestellung. «Denn Gott hielt es für besser, selbst aus dem Bösen Gutes zu schaffen, als überhaupt nichts Böses zuzulassen» (Enchiridion, geschrieben 421).

THOMAS VON AQUIN (1225–1274)

Seine Lehre könnte man überschreiben mit dem Titel «Die Zulassung des Übels». Thomas von Aquin setzt damit die Linie Augustins fort, korrigiert sie aber auch in bestimmten Punkten. Mit Augustinus teilt er die Ablehnung jedes metaphysischen Dualismus. Alles, was ist, steht für ihn unter der Vorsehung Gottes. Es gibt keinen doppelten Urgrund der Schöpfung, einen guten und einen bösen. Mit Augustinus teilt er auch die seinsmässige Herabstufung des Bösen und Negativen. Auch für Thomas ist das *malum* kein eigentlich Seiendes, sondern immer nur ein Mangel an Gutem. Als solches ist es Teil der unvollkommenen, veränderlichen, aber doch grundsätzlich zum Guten angelegten Schöpfungsordnung.

Es gibt bei Thomas aber auch Unterschiede zu Augustinus. Thomas betont stärker den «beiläufigen», «zufälligen», «mittelbaren» Wirkcharakter des Bösen. Seine Position zu unserem Thema lässt sich so zusammenfassen: **1.** Der gute Gott kann nicht das Unheil unmittelbar wollen und um seiner selbst willen herbeiführen. Nur das Gute, nicht das Böse kann eigentlicher Gegenstand des göttlichen Wollens sein. **2.** Das Unheil in der Welt existiert dennoch. Und da es existiert, muss es etwas mit dem Willen Gottes zu tun haben. Denn hätte Gott das Unheil in keiner Weise gewollt, dann wäre es auch nicht vorhanden. Gott kann das Unheil deshalb zwar nicht unmittelbar, wohl aber mittelbar wollen, insofern er sein Wollen auf ein bestimmtes Gut richtet, mit dem dieses Unheil untrennbar verbunden ist. Der Begriff der «Zulassung» soll diese Differenz von Nichtwollen und doch Vorhandensein des *malum* zum Ausdruck bringen. Thomas bejaht also Gott als Letztursache auch des *malum*, ohne dass Gott zum willentlichen Anstifter des *malum* würde.

JOHANNES CALVIN (1509–1564)

Seine Lehre könnte man überschreiben mit: Das Übel als Ausdruck des Willens Gottes. Seine Lehre legt Calvin im 18. Kapitel der «Institutio» dar, die 1559 ihre endgültige Gestalt nach zahlreichen Umarbeitungen erhielt. Er beruft sich dabei ganz auf die Bibel, vor allem auf Amos 3,6 und Jesaja 45,7. Er polemisiert vehement gegen die scholastische Unterscheidung von «Wollen» und «Zulassen». Alles Geschehen in der Schöpfung und am Menschen ist auf Gottes Willen, Gottes direkte Handlung zurückzuführen. Wörtlich heisst es: «Was also auch Menschen oder gar der Satan selbst unternehmen – Gott hat das Ruder in der Hand, um ihre Unternehmungen zum Vollzug seiner Gerichte zu lenken» (Institutio 125). Auch der Satan ist Werkzeug Gottes. Diesen Gedanken kann Calvin freilich nur denken, wenn er wie Augustinus und Thomas darauf vertraut, dass Gott mit seinem Handeln, sei es zum Guten oder zum Bösen, ein verborgenes gutes Ziel verfolgt, das der Mensch nicht erkennen kann. Wieder wörtlich schreibt Calvin: «Heisst Gottes Wille die Ursache aller Dinge, so muss auch notwendig seine Vorsehung in allen Plänen und Taten der Menschen die Führung innehaben, so dass sie nicht nur in den Gläubigen ihre Kraft erweist, die vom Heiligen Geist regiert werden, sondern auch die Gottlosen in ihren Gehorsam zwingt» (Institutio 127). In seiner

Argumentation greift er dann Jesaja 45,7 auf: «Gott bezeugt von sich, dass er Licht und Finsternis schafft, das Gute und das Böse macht, dass kein Unheil geschehe, dass er nicht tue» (Institutio I,18.128). Jesaja 45,7 wird so zur Schlüsselstelle einer Theozentrik, die nicht abgeschwächt werden darf, indem man sich auf das scholastische Konstrukt des Zulassens verlegt, wenn die Erkenntnis, das Unheil komme von Gott selbst, nicht zum Gottesbild passe. Denn das von Gott verursachte *malum* diene einem verborgenen Zweck und Ziel Gottes und könne zur Reifung und Erziehung des Menschen beitragen. Das sehe der Mensch oft nicht ein, da seine Erkenntnisfähigkeit begrenzt sei.

DIE AUFKLÄRERISCHE RECHTFERTIGUNG GOTTES NACH GOTTFRIED WILHELM LEIBNIZ (1646–1716)

Mit Beginn der europäischen Moderne im 17. Jahrhundert hatten das antik-mittelalterliche Ordnungsdenken auf der Linie von Augustins und Thomas, aber auch die biblische Theologie zunehmend an Überzeugungskraft eingebüsst. Gefragt wurde nicht länger nach der Vereinbarkeit des guten Gottes mit dem *malum* in seiner Schöpfung, gefragt wurde nicht länger nach dem gnädigen Willen Gottes gegenüber den sündigen Menschen, gefragt wurde nach der **Existenz Gottes überhaupt.** Auf Philosophen wie Descartes und Pascal, auf Naturwissenschafter wie Kepler und Galilei wäre hier zu verweisen. Skeptizismus und skeptischer Naturalismus, ja, atheistischer Materialismus spielten zunehmend eine wichtige Rolle.

Neben die Krise des europäischen Geistes trat eine solche der Politik: In den Jahrzehnten nach dem Dreissigjährigen Krieg (1618–1648) sehnten sich die Völker nach Ruhe und Ordnung. Ihnen kam der Philosoph Gottfried Wilhelm Leibniz (1646–1716) mit seinen «Studien zur Theodizee, über die Güte Gottes, die Freiheit des Menschen und den Ursprung des Übels» entgegen. Allem Skeptizismus und Pessimismus seiner Zeit gegenüber hält er daran fest, dass es sich bei unserer Welt um ein geordnetes, aus einem Prinzip zu erklärendes vernünftiges Ganzes handelt. Ja, die Schöpfung ist für ihn die beste aller möglichen Welten, die Gott überhaupt hätte schaffen können. Für Leibniz ist das eine Konsequenz aus dem Gottesbegriff selbst. Wenn Gott vollkommen ist, dann muss auch die Welt, die er geschaffen hat, vollkommen sein. Durch die Aufklärung war die Rationalität in den Mittelpunkt gerückt. Von ihr her begründet Leibniz seinen Gottesbegriff und die Güte der Schöpfung. Sie ist Verwirklichung von Vernunft, mithin die beste aller möglichen Welten. Leibniz bestreitet dabei nicht, dass Gott auch eine Welt ohne Übel und Leid hätte schaffen können, aber er bestreitet, dass diese Welt dann besser wäre. Ohne auf Einzelnes näher einzugehen, können wir sagen, dass es sich bei Leibniz um die philosophische

Wiederaufnahme des augustinisch-thomistischen Ordnungsdenkens handelt. Es herrscht in seinem Denken ein Ordnungsoptimismus, der auch dem Übel noch positive Seiten abgewinnen will.

Diesem Optimismus wurde durch das Erdbeben von Lissabon mit 30'000 Toten im Jahre 1755 ein jähes Ende bereitet. Ein Schock ging durch ganz Europa. **Voltaire** (François Marie Arouet) reagierte 1759 mit seinem Roman «Candide oder der Optimismus», und Kant schreibt 1791 «Ueber das Misslingen aller philosophischen Versuche in der Theodizee». So war es am Ende des 18. Jahrhunderts vorbei mit den Versuchen, Gott vor dem Gerichtshof der Vernunft freizusprechen von der Anklage der Verantwortung für das Böse und das Übel. Zwei Hauptgründe waren dabei massgebend: Der Zusammenbruch aller philosophischen Plausibilität (vgl. besonders Immanuel Kant) und die Präzisierung der Erfahrung, die vor allem in literarischen Werken zum Ausdruck kam. Hier ist vor allem Georg Büchner (1813–1837) mit seinem Stück «Dantons Tod» zu nennen. Darin heisst es: «Schafft das Unvollkommene weg, dann allein könnt ihr Gott demonstrieren; Spinoza hat es versucht. Man kann das Böse leugnen, aber nicht den Schmerz; nur der Verstand kann Gott beweisen, das Gefühl empört sich dagegen. Merke dir es, Anaxagoras: warum leide ich? Das ist der Fels des Atheismus. Das leiseste Zucken des Schmerzes, und rege es sich nur in einem Atom, macht einen Riss in der Schöpfung von oben bis unten.» Die Erfahrung des ungerechten, des masslosen Leids liess sich nicht länger mehr wegerklären. In seiner Erzählung «Lenz» (erschienen posthum 1839) bringt die Titelfigur es unmissverständlich zur Sprache: «Aber ich, wäre ich allmächtig, sehen Sie, wenn ich so wäre, ich könnte das Leiden nicht ertragen, ich würde retten, retten; ich will ja nichts als Ruhe, Ruhe, nur ein wenig Ruhe, um schlafen zu können.»

DAS ÜBEL IN DER LITERATUR DES 20. JAHRHUNDERTS

Was Büchner hinausschrie, wurde in der Literatur des 20. Jahrhunderts noch dramatischer zur Sprache gebracht. Ursachen davon waren der Erste und der Zweite Weltkrieg, waren Ereignisse wie Stalingrad, Archipel Gulag, Auschwitz und Hiroshima. Sie führten jede Ordnungstheologie eines Augustinus, Thomas, eines Calvin und auch eines Leibniz vollends in die Krise. Die Frage nach Gott und seiner Mit-, ja, Letztverantwortung für das Übel und das Böse wurde jetzt in aller Schärfe gestellt. Die alten Antworten trugen nicht mehr. Unter den Theologen während und nach dem Zweiten Weltkrieg waren es dann in erster Linie **Dietrich Bonhoeffer** und Romano Guardini, die sich den Unheilserfahrungen des 20. Jahrhunderts stellten. Bonhoeffer nimmt eine gemässigte Stellung ein. Er schreibt an der Wende zum Jahr 1943 unter dem Titel «Einige Glaubenssätze über das Walten Gottes in der Geschichte»: «Ich glaube, dass Gott aus allem, auch aus dem Bösesten, Gutes entstehen lassen kann und will. Dafür braucht er Menschen, die sich alle Dinge zum Besten dienen lassen. Ich glaube, dass Gott uns in jeder Notlage soviel Widerstandskraft geben will, wie wir brauchen. Aber er gibt sie nicht im Voraus, damit wir uns nicht auf uns selbst, sondern allein auf ihn verlassen. In solchem Glauben müsste alle Angst vor der Zukunft überwunden sein. Ich glaube, dass auch unsere Fehler und Irrtümer nicht vergeblich sind, und dass es Gott nicht schwerer ist, mit ihnen fertig zu werden, als mit unseren vermeintlichen Guttaten. Ich glaube, dass Gott kein zeitloses Fatum ist, sondern dass er auf aufrichtige Gebete und verantwortliche Taten wartet und antwortet.» (Widerstand und Ergebung, München 1959, 22 f.)

Walter Dirks aber erzählt von einem Besuch beim todkranken **Romano Guardini,** der das ganze Leben lang von Schwermut gezeichnet war und trotzdem eines der schönsten Jesus-Bücher geschrieben hat («Der Herr»). Dirks sagt, er werde es nicht vergessen, was ihm der alte Mann auf dem Krankenlager anvertraute: Guardini habe gesagt, er werde sich im letzten Gericht nicht nur fragen lassen, sondern auch selbst fragen; er hoffe in Zuversicht, dass ihm dann der Engel die wahre Antwort nicht versagen werde auf die Frage, die ihm kein Buch, auch die Schrift selbst nicht, die ihm kein Dogma und kein Lehramt, die ihm keine

Theodizee und keine Theologie, auch die eigene nicht, habe beantworten können: Warum, Gott, zum Heil die fürchterlichen Umwege, das Leid der Unschuldigen, die Schuld? (Berichtet von Karl Rahner: Worte vom Kreuz, Freiburg i. Br. 1980, 42)

Schriftsteller waren noch kühner. In bestimmten literarischen Zeugnissen wird schon bald in der Mitte des Jahrhunderts offenbar, dass nach all den geschichtlichen Erfahrungen die Rede von Gott anders sein muss als in der traditionellen Theologie. Mehr als Theologen und Kirchenvertreter sind Schriftsteller Zeitzeugen geistiger Umbruchprozesse. Mehr als andere haben sie bis heute die geistig-kulturellen Umbrüche wahrgenommen und zu bewältigen versucht.

So finden wir etwa im Spätwerk von **Reinhold Schneider,** der als christlich-katholischer Schriftsteller begonnen hatte, die Rede vom «leidenden Gott», die alle Fragen zur Theodizee erübrigt. Drei Grundeinsichten waren es vor allem, die Reinhold Schneiders traditionelles christliches Gottesbild radikal in Frage zu stellen begannen:
- die schonungslose Wahrnehmung der unablässigen Tragödien in der Weltgeschichte;
- der unverstellte Blick in den leeren, echolosen Kosmos, die Erfahrung also des Schweigens der unendlichen Räume;

- die minutiöse Beobachtung der Gnadenlosigkeit der Evolution, die im Gesetz von Fressen und Gefressenwerden besteht, in der Durchsetzung des stärkeren Lebens durch die Vernichtung des schwachen.

Ich will besonders das Werk «Winter in Wien» (Freiburg i. Br. 1958 u. ö.) anführen. Darin zeigt sich, dass sich Schneiders Bild von Gott seit seinen schriftstellerischen Anfängen radikal verändert hat. Er konnte Gott nur noch in der Niedrigkeitsgestalt der Welt, in der Seinsweise des Leidens und des Schmerzes erkennen und glauben. Die Schmerzensmutter und der Glaube an die Menschwerdung Gottes, der sich, wie die Kreuzigung Jesu, des Mensch gewordenen Gottessohnes, zeigt, nicht aus dem Leiden der Welt herausgehalten hat, rücken nun ins Zentrum von Schneiders Denken. Wenn Gott aber nur noch in der Weise des Welt-Schmerzes da ist, dann ist seine jenseitige Macht und Wirklichkeit bedeutungslos geworden. Und damit gibt Schneider auch den Glauben an eine Auferweckung, an ein ewiges Leben nach dem Tod preis. Gerade das, was der ersten und zweiten christlichen Generation geholfen hat, den Tod Jesu am Kreuz als einen schmerzlichen Durchgang zu Gott zu verstehen, war für den Schriftsteller des 20. Jahrhunderts unglaubwürdig geworden.

Für ihn war in den politisch-moralischen Katastrophen des Zweiten Weltkrieges und nach dem Zusammenbruch des traditionellen Weltbildes die christliche Gottesvorstellung von einem guten Vater und einer

Harmonie der Schöpfung unmöglich geworden. Die Folge ist die Preisgabe des persönlich-jenseitigen Gottesbildes zugunsten der Rede vom leidenden Gott, der in die Tragödien der Welt verstrickt ist. Aufgegeben wird auch, wie schon angetönt, der Glaube an eine Auferweckung aus dem Tod zugunsten einer Sehnsucht nach Ruhe, Verlöschen und Wunschlosigkeit, wie wir sie etwa aus dem Buddhismus kennen. Mit der Rede vom leidenden Gott ist dann aber konsequenterweise auch die Frage nach dem Übel und dem Bösen in der Welt überflüssig, die Theodizee hat ihre Bedeutung verloren.

Die von Reinhold Schneider 1957/58 in «Winter in Wien» zum Ausdruck gebrachten Grunderfahrungen von einer letzten metaphysischen Heimatlosigkeit und Ratlosigkeit des Menschen sind auch die Erfahrungen des 1916 als Sohn jüdischer Eltern geborenen **Wolfgang Hildesheimer.** In seinem Roman «Tynset» (Frankfurt a. M. 1965 u. ö.) wird auf dramatische Weise die Frage nach der «Schuld Gottes» am Unheil in der Welt gestellt. Es ist von der Sinnlosigkeit der Welt die Rede, aber auch von einer letzten Geheimnishaftigkeit der Wirklichkeit. Das führt aber nicht zu einem Abschied von jeglicher Frage nach Religion, Gott bleibt für Hildesheimer eine offene Frage. Die Theodizeefrage aber «ermüdet» sozusagen, weil die Frage nach einer anfänglichen Schuld Gottes letztlich nicht beantwortet werden könne.

In unserem Durchgang durch die Theodizeefrage sind wir von zwei Gedichten Friedrich Hölderlins und dem Jiob-Buch des Alten Testaments ausgegangen. Die Auffassung davon, inwiefern der Mensch und inwiefern Gott für das Böse und das Leid in der Welt verantwortlich sind, hat einerseits die Rede vom Menschen und seiner Schuld und anderseits die Rede von Gott immer wieder verändert. In den Diskussionen zur Theodizeefrage hält Willi Oelmüller in seinem erwähnten Buch fest, dass Philosophie und Theologie darauf keine abschliessenden Antworten geben können, dass man die Theodizeefrage aber immer offenhalten müsse, denn sie treibe jeden Menschen in existenzieller Tiefe um, und jeder müsse auch seine ganz persönliche Antwort darauf finden, weil es eine allgemein gültige Antwort nicht gebe.

Wenn uns das Buch Jiob geholfen hat, in das Problem einzusteigen, so soll nun ein neutestamentlicher Text zeigen, wie die Christen um das Jahr 100 inmitten der Bedrängnis durch die domitianische Verfolgung für sich eine Antwort gefunden haben. Sie steht im 21. Kapitel der Geheimen Offenbarung des Johannes. In den Versen 1–4 dieses Kapitels heisst es: «Dann sah ich einen neuen Himmel und eine neue Erde; denn der erste Himmel und die erste Erde sind vergangen, auch das Meer ist nicht mehr. Ich sah die heilige Stadt, das neue Jerusalem, von Gott her aus dem Himmel herabkommen; sie war bereit wie eine Braut, die sich für ihren Mann geschmückt hat. Da hörte ich eine laute Stimme vom Thron her rufen: Seht die Wohnung Gottes unter den Menschen! Er wird in ihrer Mitte wohnen, und sie werden sein Volk sein; und er, Gott, wird bei ihnen sein. Er wird alle Tränen von ihren Augen abwischen: Der Tod wird nicht mehr sein, keine Trauer, keine Klage, keine Mühsal. Denn was früher war, ist vergangen.» **Nicht die menschliche Vernunft, sondern allein die gläubige Hoffnung half den bedrängten Gemeinden Kleinasiens, für die das Buch geschrieben worden ist, die Leiden und Bedrängnisse ihrer Zeit durchzustehen. Sie hofften mit Blick auf das Kreuz und die Auferweckung Jesu darauf, dass einmal allen Leidens- und Unheilserfahrungen zum Trotz alles gut und alles Leid und alles Böse für immer vernichtet werde.**

Die Doppelerfahrung von Sinnlosigkeit und Umfangensein durch Gott hat ja auch Jesus selbst in seinem Tod durchgemacht. Das zeigen die beiden so verschiedenen Jesusworte, die uns die Evangelien vom sterbenden Jesus überliefern. Da heisst es auf der einen Seite: «Mein Gott, mein Gott, warum hast du mich verlassen?» (Markus 15,34) Und auf der andern Seite steht das Wort: «Vater, in deine Hände lege ich meinen Geist.» (Lukas 23,46)

Mit den Worten des Dichters Friedrich Hölderlin haben wir unsere Überlegungen begonnen. Auch sie zeigen diese Doppelerfahrung von Ausgeliefertsein und Aufgehobensein. Die gleiche Doppelerfahrung kommt auch in einem der bekanntesten Gedichte Rainer Maria Rilkes («Das Buch der Bilder», Berlin 1902 u. ö.) zum Ausdruck. Es trägt den Titel «Herbst», und es erinnert an Jiobs Zuversicht. Zugleich drückt es eine Gewissheit aus, die nicht an der Philosophie und nicht an der Theologie hängt, sondern an einer ganz persönlichen Glaubensüberzeugung; wobei offen bleibt, welche Gottesvorstellung Rilke letztlich hatte:

> Die Blätter fallen, fallen wie von weit,
> als welkten in den Himmeln ferne Gärten;
> sie fallen mit verneinender Gebärde.

> Und in den Nächten fällt die schwere Erde
> aus allen Sternen in die Einsamkeit.

> Wir alle fallen. Diese Hand da fällt.
> Und sieh dir andre an: es ist in allen.

> Und doch ist Einer, welcher dieses Fallen
> Unendlich sanft in seinen Händen hält.

DIE DEUTUNG DES TODES JESU IN DEN EVANGELIEN

AUSGANGSPUNKT

Der galiläische Erweckungsprediger Jesus von Nazaret, der Sohn der Maria und des Joseph, wurde nach kurzer Wirksamkeit vom Repräsentanten der römischen Besatzungsmacht in Judäa, dem Präfekten Pontius Pilatus, zum Tod am Kreuz verurteilt und wahrscheinlich am 14. Nisan, dem 7. April des Jahres 30 hingerichtet. Diese Auskunft gehört zu den gesicherten Daten der historischen Jesusforschung, scheint es doch höchst unwahrscheinlich, dass die frühe Gemeinde eine Todesart erfunden hätte, die ihren Meister bei jüdischen wie heidnischen

Zeitgenossen so massiv diskreditierte wie die Kreuzigung. An römischen Bürgern wurde der Kreuzigungstod in der Regel nicht vollzogen. Sie war der Sklaventod und die gängige Hinrichtungsart für Gewaltverbrecher und Aufständische. Die Angabe der Passionsgeschichte, Jesus sei als «König der Juden», also als messianischer Aufrührer hingerichtet worden, erscheint so als historisch zuverlässig. Tausende wurden von den Römern durch Kreuzigung hingerichtet. Es war ein Erstickungstod, der sich über mehrere Stunden hinziehen konnte. Bei den Räubern, die mit Jesus gekreuzigt wurden, könnte es sich um jüdische Freiheitskämpfer gehandelt haben.

Wenn Jesus auch in den Augen des Pontius Pilatus als messianischer Aufrührer galt, so wird doch aus den Evangelien klar ersichtlich, dass Jesus sich nicht als politischer Messiaskönig, sondern als prophetischer Bote der Gottesherrschaft verstand. Vgl. Johannes 18,36: «Mein Reich ist nicht von dieser Welt.» Auch wenn dieses Wort Jesu an Pilatus nicht unbedingt ein historisches Jesuswort sein muss, so trifft es den Sachverhalt trotzdem genau. Jesu Ziel war nicht die politische Befreiung des jüdischen Volkes vom Römerjoch, wie es etwa die Zeloten anstrebten, sondern er wollte mit seiner Verkündigung seine Zeitgenossen dazu bewegen, sich auf den kommenden und in der Geschichte schon gegenwärtigen Gott einzulassen. Jesus verkündigte die Güte Gottes gegenüber allen Menschen und forderte dazu auf, sich ganz auf diese Güte Gottes einzulassen.

Das ist nicht weniger subversiv als politischer Messianismus. Güte als absolute Handlungsmaxime stellt alle Mächte dieser Welt in Frage, sowohl die politischen als auch die religiösen. Sie stört staatliches Reglement ebenso wie religiöse Normen. In diesem Sinn sind viele Gleichnisse Jesu zu verstehen und vor allem auch seine zeichenhafte Handlung der Tempelreinigung. Wenn Jesus den Tempelbetrieb mit seinem Opferkult und den entsprechenden Steuereinnahmen attackierte, griff er damit die Herrschaft der Hohenpriester an, die von den Römern sanktioniert war. Alle Volksführer haben dieses Zeichen verstanden, sahen sich also in ihrer Machtposition gefährdet und lieferten Jesus deshalb dem römischen Statthalter aus. Für Pilatus war die Hinrichtung Jesu ein Akt der Staatsraison.

Erwähnen möchte ich an dieser Stelle, dass ich wichtige Denkanstösse für dieses und das folgende Kapitel dem Buch Paul Hoffmanns «Studien zur Frühgeschichte der Jesus-Bewegung» (Stuttgarter biblische Aufsatzbände ; 17 : Neues Testament), Stuttgart 1994, verdanke.

Vorausgeschickt sei, dass man heute für alle Evangelien mit einem komplexen Überlieferungsprozess rechnen muss (vgl. dazu das Kapitel «Die Bibel als Buch»): An erster Stelle steht der so genannte «Urbericht». Es folgt die Bearbeitung durch die mündliche und teilweise auch schriftliche Überlieferung vor den Evangelien. Als dritten Schritt haben wir um 70 die Übernahme dieser Überlieferungen durch Markus, etwa um 100 möglicherweise auch durch Johannes. Der vierte Schritt ist dann die Überarbeitung der Markus-Fassung durch Matthäus und Lukas (zwischen 80 und 100) – und als fünfter die Übernahme mündlicher Einzeltraditionen auf allen Stufen der Überlieferung.

Trotz dieser im Einzelnen nur schwer und annäherungsweise rekonstruierbaren Überlieferungsgeschichte lässt sich etwa auf folgenden Ablauf der Ereignisse um die Passion Jesu schliessen: Jesu Gang zum Ölberg, dort seine Verhaftung durch ein Kommando des Hohenpriesters (möglicherweise durch den Judas-Verrat), die Vernehmung durch die jüdischen Autoritäten, die Übergabe an Pilatus mit der Anklage des messianischen Aufruhrs, Jesu Verurteilung zum Kreuzestod, seine Auspeitschung, der Gang zur Richtstätte, die Kreuzigung zusammen mit Aufrührern, seine Verspottung durch Vorübergehende, der relativ schnell eintretende Tod. So also hat wohl der tatsächliche Verlauf der Passion ausgesehen.

Wie haben die Jünger diese Ereignisse kurz vor der Kreuzigung erlebt? Darüber lassen sich nur Vermutungen anstellen. Sicher ist, dass alle die Flucht ergriffen und in dem durch das Passafest überfüllten Jerusalem untertauchten. Petrus hat vielleicht versucht, mit Jesus Kontakt zu halten, sich dann aber selbst durch die Verleugnung einer Verhaftung entzogen. Von ferne schauten vielleicht einige Frauen, die Jesus gefolgt waren, dem Geschehen zu. So war Jesus allein den zuständigen Behörden und Organen ausgeliefert, und alleingelassen stirbt er am Kreuz. Die dem widersprechende Aussage im Johannesevangelium, dass unter dem Kreuz Jesu seine Mutter und Johannes standen, dürfte bereits spätere, wenn auch sehr sinnreiche Legende sein.

Wir stossen damit an die Grenze der exakten geschichtlichen Rückfrage. Denn alle Aussagen, die wir in den Evangelien und den Briefen über den Tod Jesu finden, gründen bereits im Osterglauben. Von Ostern her haben die neutestamentlichen Schriftsteller Jesu Tod gedeutet und verstanden. Und dieser Osterglaube sagte ihnen, dass Gott seinen Gesalbten nicht im Stich liess, sondern auch im Tod zu ihm stand. Gott erweist sich, und das ist der Kern des Osterglaubens, mit Jesus solidarisch, aber nicht nur mit Jesus, sondern mit allen Ausgestossenen. Gegen alles Unrecht und alle Gewalt in dieser Welt steht der Gott des gewaltlosen und gütigen Jesus, ein Gott, der Leben für alle will und für alle schafft. In diesem Sinn sprechen die Evangelisten vom Tod Jesu, und nicht einfach in parteiloser geschichtlicher Objektivität.

Die biblischen Passionsberichte sind also Deutungen des Todes Jesu vom Osterglauben her. Fragen wir nun im Folgenden, wie die einzelnen Evangelisten von ihren Ostererfahrungen her den Tod Jesu deuteten. Sie konnten sich ja nach all den Erfahrungen, die sie mit ihrem Meister während seines öffentlichen Wirkens gemacht haben, nicht bloss mit dem Faktum zufrieden geben, dass Jesus nun gestorben und dann von Gott gerechtfertigt (auferweckt) worden sei. Sie mussten nach einem Zusammenhang zwischen Jesu Wirken, seinem Sterben und seiner Auferstehung suchen. Wie sie das taten, dem wollen wir nun bei den einzelnen Evangelisten nachgehen.

DIE MARKUS-ÜBERLIEFERUNG UND DIE SIE BESTIMMENDEN MOTIVE

Drei Deutungsmotive finden sich im Markusevangelium: das Motiv vom leidenden Gerechten, das Tempelmotiv und das Messiasmotiv.

DAS MOTIV VOM LEIDENDEN GERECHTEN

In der markinischen Passionsgeschichte finden sich zahlreiche Zitate oder Anspielungen auf Psalmen aus dem Alten Testament, vor allem auf Psalm 22. So heisst es etwa bei Markus 15,34: «Mein Gott, mein Gott, warum hast du mich verlassen.» Das ist wörtlich Psalm 22,1. Dieser Psalm wird in der Passionserzählung wiederholt zitiert, aber auch das Gottesknechtlied aus Jesaja 53,12. Entscheidend für das Verständnis ist, dass Jesus so in die lange Reihe leidender verfolgter Menschen gestellt wird. Ihr Elend und ihre Gottverlassenheit kommen in der Klage dieser Texte zum Ausdruck. Indem Jesu Leiden mit dieser Sprache beschrieben wird, stellt die Gemeinde seine Leidensgeschichte in die Elendsgeschichte der ganzen Menschheit hinein. Jesus wird zum unschuldig Leidenden schlechthin. Zugleich wird unterschwellig doch auch die Hoffnung auf den rettenden Gott, die schon die Psalmen bestimmte, für Jesus angenommen: sein Leiden und Sterben wird so in jene Wende hineingestellt, die die Gemeinde mit ihrem Osterbekenntnis beschreibt.

DAS TEMPELMOTIV

Von ganz anderer Art sind die auf den Tempel bezogenen Elemente der Darstellung. Der Bericht vom Verhör beim Hohen Rat lässt erkennen, dass offensichtlich Jesu Tempelkritik und seine Ankündigung der Zerstörung des Tempels bei diesem Verfahren eine Rolle gespielt haben. Folgende Stellen legen das nahe: Bei Markus 15,33 heisst es: «Als die sechste Stunde kam, brach über das ganze Land eine Finsternis herein.» Diese Darstellung greift auf Amos 8,9 zurück und hat symbolische Bedeutung: Die Stunde des Gerichts ist über Jerusalem und den Tempel hereingebrochen. Auch der laute Schrei, mit dem Jesus stirbt, hat eine tiefere Bedeutung. Hier geschieht Ausserordentliches, denn die Gekreuzigten konnten in ihrem Erstickungstod nicht mehr schreien, sondern nur noch röcheln. Ganz entscheidend ist dann Markus 15,38: «Da riss der Vorhang im Tempel von oben bis unten entzwei.» Damit hat das Allerheiligste des Tempels, das ja der Hohepriester nur einmal im Jahr am Versöhnungstag betreten durfte und das den übrigen Juden verborgen war, seine Bedeutung verloren. Die Zeit des Tempels und damit des Alten Bundes ist vorbei. Ein nicht von Händen gebauter Tempel, nämlich die christliche Gemeinde wird ihn ablösen. Sie ist ein Haus des Gebetes für alle Völker. Sie ist der neue Ort der Anwesenheit Gottes unter den Menschen. (Paulus fasst den gleichen Gedanken noch ein Stück persönlicher und spricht vom einzelnen Gläubigen als Tempel des Heiligen Geistes, vgl. 1. Korintherbrief 3,16.)

Die massiv polemischen Aussagen gegen den Tempel und seine Funktion dürfen nicht antijüdisch missverstanden werden. Vielmehr wird hier der in Tat und Wahrheit schwierige Prozess der Herauslösung der frühchristlichen Gemeinde aus dem jüdischen Mutterboden beschrieben. Und zugleich geht es auch um einen religionsgeschichtlich ausserordentlich wichtigen Vorgang: Der Tod Jesu bedeutet den Bruch mit jeglicher Form kultischer Religiosität. Das Kreuz Jesu ist der Ort, an dem ein für alle Mal Sühne geschieht. Es braucht fürderhin keine Opfer und keine Opferpriester mehr. Der Hebräerbrief, der den Tod Jesu besonders gewichtig in jüdischer Opfertheologie beschreibt, wird das weiter entfalten. In ihm steht die zentrale Aussage, dass Christus sich selbst ein für alle Male zum Opfer dargebracht hat (Hebräerbrief 7,25–28). Der Ort der Gegenwart Gottes ist in Zukunft nicht mehr ein steinerner Tempel, sondern die geschwisterliche Gemeinschaft der Glaubenden. Sie vollzieht in der Nachfolge Jesu in einer von Liebe bestimmten Existenz den wahren Gottesdienst. Das ist nicht radikal neu. Schon bei Hosea 6,6 lesen wir: «Liebe will ich, nicht Schlachtopfer, Gotteserkenntnis statt Brandopfer». Auch sonst ist die Opferkritik bei den Propheten des Alten Testamentes weit verbreitet. Das Wandeln in Gerechtigkeit, d. h. das dem Nächsten Gemässe wird schon hier höher gewertet als alle verschiedenen Opferarten, die man Gott je dargebracht hatte.

DAS MESSIASMOTIV

Das wichtigste Motiv in der Passionsgeschichte bei Markus ist das Messiasmotiv. Wie ein Leitgedanke durchzieht die Messiasfrage seine Darstellung. Gerade wegen des Messiasanspruchs wird Jesus vom Hohen Rat verurteilt. Die Frage des Pilatus: «Bist du der König der Juden?» (Markus 15,2) meint im Grunde das Gleiche. Pilatus braucht anstelle des ihm fremden

Messiastitels den Titel «König der Juden». Er versteht den Messiastitel politisch, und damit wird Jesus für ihn zum politischen Aufrührer. Jesus wird von den Soldaten als «König der Juden» verhöhnt, und die Aufschrift oben am Kreuz nennt Jesus ebenfalls «König der Juden».

In traditioneller Erwartung soll der Messias ein sieghafter Kriegsheld sein. Jesus aber erfüllt diese Erwartung nicht. Deshalb wird er auch durch die Umstehenden verspottet. Wenn er der Messias sei, solle er doch jetzt vom Kreuz herabsteigen, rufen sie ihm zu (Markus 15,32). Jesus aber stirbt von Gott und dem traditionellen jüdischen Nothelfer Elija verlassen, völlig einsam. Doch gerade dieser Tiefpunkt im Tod Jesu wird für Markus zum Ort, wo Jesu wahre Sendung als «Sohn Gottes» offenbar wird. «Sohn Gottes» noch nicht im späteren metaphysischen Sinn, sondern im Sinn von gehorsamem Knecht Gottes, wie etwa auch David «Sohn Gottes» genannt wird (Psalm 2,7). Im Leiden und während seines öffentlichen Wirkens im Dienen, und nicht im Herrschen offenbart sich Jesu wahre Messiaswürde und Gottessohnschaft. «Der Menschensohn kam nicht, um sich bedienen zu lassen, sondern um zu dienen und sein Leben hinzugeben als Lösegeld für die Vielen», heisst es bei Markus 10,45. Nur als dieser vom Kreuz gezeichnete Gottessohn wird er einst auf den Wolken des Himmels wiederkommen. Damit hat man sich von allem Triumphalismus in der Messiasvorstellung verabschiedet, und auch der Weg der Jünger verlangt den Verzicht auf jegliche Art der Selbstbehauptung und Selbstdarstellung: «Wer gross werden will unter euch, sei euer Diener, und wer unter euch Erster sein will, sei der Sklave aller», heisst es einen Vers zuvor. Das ist ein Wort, das sich alle, die in der Nachfolge Jesu stehen wollen, zu Herzen nehmen müssen.

MATTHÄUS:
DER VON ISRAEL ABGELEHNTE MESSIAS

Matthäus verstärkt im Vergleich mit Markus das Messiasmotiv. Das kommt besonders in den Verspottungsreden der Vorübergehenden zum Ausdruck: «Rette dich, wenn du der Sohn Gottes [d. h. der Messias] bist» (Matthäus 27,40). Matthäus macht aus der Verspottungsszene eine eigentliche Messiasszene: Der am Kreuz hängende Messias Jesus provoziert beim Evangelisten die Frage nach dem gottgewollten Messiasverständnis. Die Vertreter des jüdischen Volkes aber erweisen sich als unfähig, einen auf jegliche Machtdemonstration verzichtenden Messias anzuerkennen. Dieses ganz ohne Macht auskommende Messiasverständnis wird schon im 4. Kapitel des Evangeliums deutlich, das von den Versuchungen Jesu zum Machtmissbrauch berichtet.

Die Rechtfertigung Jesu erfolgt in der matthäischen Passionsdarstellung durch ausserordentliche kosmische Zeichen: Finsternis bedeckt die ganze Erde (27,45), der Vorhang des Tempels zerreisst, die Gräber öffnen sich, es kommt zu einem gewaltigen Erdbeben (27,51 f.). Diese Ereignisse bewegen den Hauptmann, der die Kreuzigungsstätte bewacht, und seine Soldaten zum Gottessohn-Bekenntnis (27,54). «Gottessohn» wiederum noch nicht im späteren seinsmässigen (metaphysischen) Sinne verstanden.

Matthäus stellt also die Überlieferung ganz unter den Gesichtspunkt der Glaubensfrage an Israel. Er will deutlich machen, dass Israel wissentlich an Jesus schuldig geworden ist und sich so selbst das Gericht zuzog: «Sein Blut komme über uns und unsere Kinder» (27,25). Die Zerstörung des Tempels und Jerusalems im Jüdischen Krieg durch die Römer (66–73), auf die Matthäus bei der Abfassung seines Evangeliums schon zurückblickt, sind für ihn die strafende Folge der Ablehnung Jesu und seiner Botschaft von der bedingungslosen Liebe Gottes. Sein ganzes Evangelium ist die Darstellung dieses verhängnisvollen Konflikts und des damit verbundenen Übergangs der Botschaft Jesu in die christliche Kirche aus allen Völkern. Dass daraus in späteren Jahrhunderten ein christlicher Antijudaismus entstand, der auch mit Judenverfolgungen verbunden war, ist ein verhängnisvoller Irrtum der Geschichte, für den sich die Kirchen immer wieder entschuldigen müssen.

LUKAS:
DER TOD DES UNSCHULDIGEN GERECHTEN

Ganz anders sieht die Bearbeitung durch Lukas aus. Statt mit dem Klageruf: «Mein Gott, mein Gott, warum hast du mich verlassen» stirbt Jesus hier mit den Worten von Psalm 31,6: «Vater, in deine Hände übergebe ich meinen Geist.» Der römische Hauptmann bekennt daraufhin: «Wahrhaftig, dieser Mensch war ein Gerechter.» (23,46 f.)

Wenn wir die Passionsdarstellung des Lukas mit der ebenfalls auf Lukas als Verfasser zurückgehenden Apostelgeschichte und darin besonders mit dem Tod des Stephanus vergleichen, wird seine Absicht klar: Er will den ersten Märtyrern der christlichen Kirche mit der Passion Jesu ein Beispiel geben, wie sie den Märtyrertod bestehen sollen. Für Lukas ist deutlich, dass mit Jesu Tod und Auferweckung die Gottesherrschaft noch nicht unmittelbar angebrochen ist oder unmittelbar bevorsteht, wie das der Täufer und auch Jesus angenommen haben. Vielmehr ist jetzt eine Zwischenzeit, die Zeit der Kirche, in der das Evangelium allen Völkern verkündet werden muss (24,47). Diese Zwischenzeit der Kirche führt nach Lukas notwendig durch viele Drangsale (Apostelgeschichte 14,22). Auch Krisen und Konflikte werden den christlichen Gemeinden nicht erspart bleiben (Apostelgeschichte 20,18–38).

JOHANNES:
DIE «ERHÖHUNG» DES GOTTESSOHNES

Einen neuen Aspekt bringt Johannes. Sein Evangelium spricht vom Tod Jesu als Erhöhung im doppelten Sinn des Aufgehängtwerdens am Holz des Kreuzes, zugleich aber auch als Verherrlichung in Gott und als Heilsvermittlung. Johannes 13,31: «Als Judas [beim letzten Mahl] hinausgegangen war, sagte Jesus: Jetzt ist der Menschensohn verherrlicht». Und 12,32: «Wenn ich von der Erde erhöht bin, werde ich alle an mich ziehen.» Zu dieser Sicht nicht passende Aussagen der andern Evangelien werden gestrichen. Jesus ist bis zum Ende Herr der Lage, und er bestimmt den Ablauf des Geschehens. Vergleiche aus dem Bildwort vom guten Hirten: «Niemand entreisst mir das Leben, sondern ich gebe es aus freiem Willen hin. Ich habe Macht, es hinzugeben, und ich habe Macht, es wieder zu nehmen» (10,18). Vor Pilatus bekennt er sich zu seinem Königtum, das allerdings nicht von dieser Welt sei, und Pilatus hätte keine Macht über ihn, wenn sie ihm nicht von oben gegeben wäre (19,11). Aus der Kreuzesanschrift schliesslich ist statt der Schuldangabe eine Aussage über seine Königswürde geworden: «Pilatus liess auch ein Schild anfertigen und oben am Kreuz befestigen; die Inschrift lautete: ‹Jesus von Nazaret, der König der Juden›» (19,19). Die ganze Stimmung in der Johannespassion widerspiegelt das Bild eines erhabenen Herrschers, nicht das eines zum Tode Verurteilten. So stirbt Jesus schliesslich mit den Worten «Es ist vollbracht.» Damit übergibt er seinen Geist Gott, dem Vater. Er hat dessen Auftrag erfüllt.

Diese ganz andere Darstellung der Passion durch Johannes, in der die Opferthematik überhaupt keine Rolle spielt, ist nur verständlich aus seiner Sicht der Person Jesu, der nun nicht mehr nur ein jüdischer Endzeitprophet ist wie bei den Synoptikern, sondern der Mensch gewordene *logos* Gottes, d. h. das Wort Gottes, das in diesem Jesus von Nazaret in sichtbarer und greifbarer Weise in der Welt erschienen ist. Johannes hat diese Sicht der Person Jesu aus der Gnosis und besonders vom jüdischen Philosophen Philo übernommen. In einer komplexen dogmengeschichtlichen Entwicklung ist daraus dann im 3. Jahrhundert die «zweite göttliche Person» geworden, zu der nochmals später der Heilige Geist als «dritte Person» dazukam. Die Entfaltung der Binitäts- und Trinitätslehre hat Helmut Fischer: «Haben Christen drei Götter? Entstehung und Verständnis der Lehre von der Trinität», Zürich 2008, sehr klar und verständlich nachgezeichnet. Entstanden ist sie beim Eindringen der christlichen Botschaft in den hellenistischen Raum. Ihr Grundanliegen war zuerst die Bewahrung des strengen jüdischen Eingottglaubens (Monotheismus), den wir bis heute auch mit den Juden und Muslimen teilen, und zugleich die Betonung, dass der Wanderprediger Jesus von Nazaret für uns Christen wie kein anderer Mensch von der Kraft und dem Geist Gottes erfüllt war.

WAS IST ZU VERKÜNDIGEN?

Für die Jüngerinnen und Jünger war Jesu Tod zunächst nichts anderes als eine furchtbare Katastrophe, die sie nicht verstehen konnten, hatten sie doch gehofft, dass Jesus die verheissene Gottesherrschaft in Israel herstellen würde. Erst durch die Osterereignisse kamen sie zur Überzeugung, dass dieser Tod für Jesus Eingang in eine neue Daseinsweise, die «Herrlichkeit Gottes» war, den er immer als seinen Vater bezeichnet hat. In den verschiedenen Ostererzählungen und im Himmelfahrtsbericht haben sie diesem Glauben Ausdruck gegeben. Der Tod Jesu war nicht das absolute Ende, sondern Durchgang zu seiner Verherrlichung.

Wollte man die neutestamentliche Botschaft zur Deutung des Todes Jesu in ihrer ganzen Breite darstellen, müssten nun noch der Hebräerbrief, den ich kurz zitierte, und die Paulus-Briefe herangezogen werden. In beiden spielen der Opfergedanke und der Sühnegedanke eine grosse Rolle. Diese beiden Deutungsmuster stammen unter anderem aus dem Alten Testament und beruhen teilweise auf den in der Antike gebräuchlichen Opferritualen. Tier- und Speiseopfer kannten fast alle antiken

Religionen, Menschenopfer lehnte das Alte Testament ab, wie die frühe Geschichte von Abraham und Isaak zeigt (dagegen allerdings Richter 11,30–40; vgl. S. 45). Doch der im Neuen Testament nur in wenigen Linien gezeichnete Opfer- und Sühnegedanke hat in der christlichen Theologie weite Verbreitung gefunden, bis diese Lehre schliesslich in Anselm von Canterburys Satisfaktionstheorie (in seiner Schrift «Warum Gott Mensch geworden ist») im Mittelalter ihren Höhepunkt fand: die Beleidigung des unendlichen Gottes durch die Sünde verlangt auch eine unendliche Genugtuung.

Hinter all diesen Opfertheorien und Sühnevorstellungen steht ein Gottesbild, das heute kaum mehr geglaubt und gelehrt werden kann, denn Gott als Ursprung und Ziel des ganzen Kosmos wird durch die Sünde des Menschen nicht beleidigt. Vielmehr ist Sünde in erster Linie ein Verstoss gegen meine Nächsten, ein Verstoss gegen das Leben, wie Gott es gewollt hat.

> Besonders hinweisen möchte ich zur geschichtlichen Entwicklung der Opfertheologie und der Frage, ob und wie sie in der heutigen Verkündigung einen Platz haben kann, auf den Sammelband «Versöhnt durch den Opfertod Christi? Die christliche Sühnopfertheologie auf der Anklagebank», Hg.: Béatrice Acklin Zimmermann/ Franz Annen, Schriften Paulus-Akademie Zürich, Bd. 4, Zürich 2009.

Erlösung durch Christus können wir in heutiger Sprache zusammenfassen als Befreiung von einem egozentrischen und machtbesessenen Leben hin zu einem Leben der Solidarität und Mitmenschlichkeit, wie es uns Jesus in seinen Predigten aufgezeigt und in seinem Leben vorgelebt hat. Diese herrschaftsfreie Lebenspraxis hat Jesus in den Tod gebracht, weil sie die ganz andere Lebenspraxis der Herrschenden in Frage stellte. Die Osterbotschaft aber sagt uns, dass Gott zu dieser Lebenspraxis Jesu gestanden ist. Je mehr Menschen sich von diesem Beispiel Jesu, durch das er zum Licht der Welt geworden ist, erhellen lassen, desto näher kommt unsere Welt jenem Zustand, den Jesus als Reich und Herrschaft Gottes verkündet hat. In der jetzigen Weltzeit wird das immer nur annähernd der Fall sein können, deshalb erwarten wir mit den Christen der ersten Zeit die Wiederkunft Christi, und mit ihm einen neuen Himmel und eine neue Erde, in denen die Gerechtigkeit wohnt: «Maranatha» laute-te der beliebteste Gebetsruf der frühen Christenheit: «Komm, Herr Jesus, komm!»

DER GLAUBE AN DIE
AUFERWECKUNG JESU

Nach den Überlegungen zur Deutung des Todes
Jesu in den Evangelien versuche ich in groben Linien zu zeichnen, wie es zum Glauben an die Auferweckung Jesu gekommen ist. Hier geht es nun
nicht darum, die Auferweckung Jesu durch Gott zu
beweisen, sondern darum, wie uns der Glaube an
dieses wichtige Datum der Jesus-Bewegung überliefert ist und woraus er sich entwickeln konnte.
Dass es sich dabei um einen wesentlichen Inhalt des
christlichen Glaubens handelt, ist uns allen klar, gilt
Ostern doch in allen christlichen Konfessionen als
das wichtigste Fest.

Der Widerhall von Ostern und eine Wirkung des Auferweckungsglaubens ist auch im ersten Teil von Goethes Faust zu finden, und zwar ganz am Anfang. Doktor Faust, der durch verschiedene Studien zur Erkenntnis gelangen wollte, «was die Welt im Innersten zusammenhält», verzweifelt an seinen Bemühungen und holt aus einem Futteral eine Kristallschale, die ein tödliches Gift enthält, und führt sie am Ostermorgen zum Mund. Da ertönen verschiedene Chöre, die ihn schlussendlich davon abhalten, das Gift zu trinken. Der letzte Engelschor lautet:

> Christ ist erstanden
> Aus der Verwesung Schoss!
> Reisset von Banden
> Freudig euch los!
> Tätig ihn Preisenden,
> Liebe Beweisenden,
> Brüderlich Speisenden,
> Predigend Reisenden,
> Wonne Verheissenden,
> Euch ist der Meister nah,
> Euch ist der da!

Damit schliesst die erste Szene von «Faust I», und die Leserschaft trifft den Gelehrten wieder am Ostermorgen beim Spaziergang vor den Toren der Stadt, wo ihn die Bürger ehrfurchtsvoll begrüssen. Erst jetzt beginnt Doktor Faust mit dem eigentlichen Philosophieren, erst jetzt fragt er nicht in einer akademischen Weise nach dem Sinn, sondern in einer existenziellen, die ihn persönlich betrifft. Dieser Wechsel in der Sinnfrage scheint mir eine Wirkung der Auferweckungsbotschaft, da sie nicht nur eine theologische Angelegenheit ist, sondern den einzelnen Menschen in seiner Auffassung vom Leben und vom Tod ganz persönlich angeht.

Die Suche nach dem Ursprung des Osterglaubens, die auch heute noch innerhalb der Volksfrömmigkeit so oder ähnlich konkret ausgedrückt wird wie in Faust I, führt uns in die Frühzeit der christlichen Überlieferung. Erste formelhafte Wendungen einer Glaubensaussage von der Auferweckung des Gekreuzigten begegnen uns in den **Briefen** und in der **Apostelgeschichte**. Als ältestes Zeugnis gilt heute allgemein der 1. Korintherbrief 15,3–5, wo Paulus schreibt: «Denn vor allem habe ich euch überliefert, was auch ich empfangen habe: Christus ist für unsere Sünden gestorben, gemäss der Schrift, und ist begraben worden. Er ist am dritten Tag auferweckt worden, gemäss der Schrift, und erschien dem Kephas, dann den Zwölf.» Ähnliche Kurzformeln finden sich auch im Römerbrief 4,24 und im 2. Korintherbrief 4,14 sowie an weiteren Stellen. Festzuhalten ist an unserem zitierten Beispiel, dass Paulus ausdrücklich sagt, ihm sei dieser Glaubensinhalt zugekommen. Er gibt ihn also nicht als eigene, sondern als übernommene Aussage wieder. Woher im Einzelnen der Apostel die Aussage hatte, wird unter den Fachleuten diskutiert. Halten wir einfach fest, dass es sich um ein sehr altes Zeugnis handelt, das nur die Tatsache der Auferweckung festhält, ohne etwa den Auferweckungsvorgang zu beschreiben. Eine solche Beschreibung findet sich im Neuen Testament nirgends. Sie wäre auch nicht möglich, handelt es sich doch um einen Vorgang, der ausserhalb des geschichtlich Wahrnehmbaren geschehen ist: den Eingang Jesu in Gottes Herrlichkeit oder das Eintreten in das Allerheiligste des himmlischen Tempels, wie Ende des 1. Jahrhunderts der Hebräerbrief 6,19 f. unter Zuhilfenahme jüdischer Bildersprache formuliert.

In den Evangelien gibt es dagegen zwei literarische Formen, die den Glauben an die Auferweckung des Gekreuzigten bezeugen. Da sind auf der einen Seite die Berichte von Erscheinungen des Auferstandenen vor seinen Jüngern und auf der andern Seite die Berichte vom leeren Grab. Beide Erzählungsstränge liegen mehrfach vor. Schon Paulus erwähnt in der oben zitierten Erweckungsformel des 1. Korintherbriefes Kap. 15 Erscheinungen des Auferstandenen vor Petrus und dann vor den Zwölf.

Markus als ältester Synoptiker berichtet in seinem 16. Schlusskapitel, dass Frauen am Tag nach dem Sabbat Jesu Grab aufsuchen, um ihn zu salben. Zu ihrem Erstaunen ist der Stein schon weggewälzt, sie gehen ins Grab hinein und sehen dort einen jungen Mann in weissem Gewand sitzen, offensichtlich eine Engelerscheinung. Dann heisst es wörtlich (Verse 6–8): «Er aber sagte zu ihnen: Erschreckt nicht! Ihr sucht Jesus von Nazaret, den Gekreuzigten. Er ist auferstanden; er ist nicht hier. Seht da die Stelle, wo man ihn hingelegt hatte. Nun aber geht und sagt seinen Jüngern, vor allem Petrus: Er geht euch voraus nach Galiläa; dort werdet ihr ihn sehen, wie er euch gesagt hat. Da verliessen sie das Grab und flohen; denn Schrecken und Entsetzen hatte sie gepackt. Und sie sagten niemand etwas davon; denn sie fürchteten sich.» Damit schliesst das ursprüngliche Evangelium, die anschliessenden Verse 9–20 gelten als späterer Zusatz.

Matthäus berichtet ebenfalls vom Gang der Frauen zum Grab, wo ihnen ein Engel die Botschaft von der Auferstehung Jesu mitteilt. Beim Weggang vom Grab kommt ihnen Jesus plötzlich entgegen und erteilt ihnen den Befehl nach Galiläa zu gehen. Wörtlich heisst es: «Da sagte Jesus zu ihnen: Fürchtet euch nicht! Geht und sagt meinen Brüdern, sie sollen nach Galiläa gehen, und dort werden sie mich sehen» (Matthäus 28,10). Den Schluss des Evangeliums bildet die Erscheinung Jesu auf dem Berg in Galiläa mit dem Sendungs- und Taufbefehl (28,16–20).

Bei **Lukas** sind es zwei Männer in leuchtenden Gewändern, die den Frauen erscheinen und zu ihnen sagen: «Was sucht ihr den Lebenden bei den Toten. Er ist nicht hier, sondern er ist auferstanden. Erinnert euch an das, was er euch gesagt hat, als er noch in Galiläa war: Der Menschensohn muss den Sündern ausgeliefert und gekreuzigt werden und am dritten Tag auferstehen» (Lukas 24,5–7). Dann folgen die berühmte Geschichte vom Gang zweier Jünger nach Emmaus, denen sich Jesus zugesellt, ohne dass sie ihn erkennen. Er deutet ihnen die Schrift und verknüpft dabei wiederum Tod und Auferstehung miteinander als ein Geschehnis, das die Propheten schon ausgesprochen hätten. Erst beim Brotbrechen in ihrem Haus erkennen die Jünger Jesus, dann entschwindet er ihren Augen (Lukas 24,13–34). Den Abschluss des Evangeliums bildet die Erscheinung des Auferstandenen in Jerusalem mit dem anschliessenden Gang nach Betanien, wo er, die Jünger segnend, zum Himmel emporgehoben wird (Lukas 24,50–53). In diesem letzten Bericht des Lukas ist auch schon die Geistsendung («Kraft aus der Höhe», Lukas 24,49) erwähnt und die Verkündigung des Evangeliums bei allen Völkern (Lukas 24,47).

Bei **Johannes** (Kapitel 20) schliesslich lesen wir, dass Petrus, der Jünger, den Jesus liebte, und Maria von Magdala zum Grab gehen. Dann ist genau beschrieben, wie sie die Leinenbinden liegen sehen, mit denen Jesus eingewickelt war. Doch statt einer Engelerscheinung im Grab erzählt Johannes, wie Jesus der Maria von Magdala erscheint, die Jesus zuerst für den Gärtner hält, wobei dann ein ausführliches Zwiegespräch folgt mit dem wichtigen Satz: «Ich gehe hinauf zu meinem

Vater und zu eurem Vater, zu meinem Gott und zu eurem Gott.» Der Erscheinung vor Maria von Magdala folgt die Erscheinung Jesu vor den Jüngern in Jerusalem mit der Einhauchung des Heiligen Geistes und dem Auftrag, Sünden zu vergeben (Johannes 20,19–23). Eine zweite Erscheinung vor den Jüngern mit der Thomas-Episode schliesst sich an, in der ausdrücklich die Wirklichkeit des Auferstandenen betont wird, obwohl er durch verschlossene Türen hereingekommen ist (Johannes 20,24–29). Das Evangelium schliesst in Vers 30 dann mit den Worten: «Noch viele andere Zeichen, die in diesem Buch nicht aufgeschrieben sind, hat Jesus vor den Augen seiner Jünger getan [ein Hinweis auf die Wunderberichte bei den Synoptikern]. Diese aber sind aufgeschrieben, damit ihr glaubt, dass Jesus der Messias ist, der Sohn Gottes, und damit ihr durch den Glauben das Leben habt in seinem Namen.» Kapitel 21 mit der schönen Erzählung von der Erscheinung des Auferstandenen am See von Tiberias gilt nicht als ursprünglich.

Die Berichte vom leeren Grab und die Erscheinungserzählungen sind oft kunstvoll miteinander verknüpft. Beide geben in Bildern den Glauben der jungen Gemeinden wieder, dass der Gekreuzigte nicht im Tod geblieben ist, dass Gott vielmehr zu seinem Gesandten und seiner Lebenspraxis steht und ihn durch den Tod hindurch in seine Herrlichkeit erhoben hat. Dass es sich um Bilder handelt, die einen Glaubensinhalt wiedergeben wollen, und nicht um historische Berichte, zeigt die Verschiedenheit der Erzählungen in den vier Evangelien. Für die Jesus-Bewegung war allein der Glaube an das Faktum der Auferweckung des Gekreuzigten wesentlich und erwähnenswert, alles andere ist literarische Ausschmückung und Verdeutlichung.

Auferweckung wird nämlich verstanden als schöpferische Tat Gottes, zu der weder der Umstand des leeren Grabes noch eine Reanimation (Wiederbelebung) des Leichnams Jesu notwendig dazugehören. Diese sind lediglich Bilder, um etwas, was niemand gesehen hat, zu veranschaulichen.

Die *Erscheinungserzählungen* ihrerseits sind *Berichte von Visionen,* die man mit der Fernsehkamera nicht hätte festhalten können. Eine Vision im theologischen Sinn ist vielmehr ein im Herzen oder in der Seele eines Menschen von Gott gewirktes Bild, das den Visionär so stark ergreift, dass er es nach aussen projiziert (wie wenn er es mit den leiblichen Augen sehen würde). Ganz ähnlich verhält es sich ja mit jenen Leuten, die Stimmen hören, die andere nicht vernehmen, für den Hörenden aber absolut real sind. In der medizinischen Fachsprache heisst dieses «Hören» analog «Audition».

Die ersten Gemeinden hatten das verständliche Bedürfnis, die so zentrale Auferweckungsbotschaft, wie sie anfänglich nur in den zwei kurzen zitierten Sätzen des ersten Korintherbriefes überliefert und verkündet wurde, bildhaft zu illustrieren. Auch heute, in unserer aufgeklärten und naturwissenschaftlich gebildeten Zeit, tun wir uns schwer mit allem, was nicht nachprüfbar, beweisbar oder rechnerisch herleitbar ist. Das damalige jüdische und hellenistische Umfeld bewirkte dann die verschiedenen Weisen der Illustration dieser abstrakten Glaubensüberzeugung.

DIE VORSTELLUNG EINES LEBENS JENSEITS DES TODES

Die Anthropologen sagen heute, dass der Glaube an die Transzendenz, d. h. an etwas, was den sichtbaren, erfahrbaren und messbaren Kosmos übersteigt, schon die frühesten Menschen vom Tier unterschieden habe. Das würden die gefundenen Grabbeigaben aus unterschiedlichsten Kulturen belegen. Dieser Glaube meint etwas Zweifaches: dass erstens unsere sichtbare Welt nicht alles sei, sondern dass es in ihr und um sie herum etwas Höheres, Jenseitiges gebe, was wir im Allgemeinen mit Gott bezeichnen, und dass zweitens der Tod für den Menschen nicht das Ende schlechthin bedeute, sondern Übergang in ein neues und anderes Leben. Die Vorstellungen der beiden Existenzweisen des Menschen (diesseitiges und jenseitiges Leben) unterscheiden sich allerdings durch die Religionen und Zeiten hindurch sehr voneinander: Da gibt es etwa die

Annahme, dass es nach einer gewissen Zeit der Grabes-
ruhe ein physisches Weiterleben gibt, das das irdische
Leben fortsetzt, so dass etwa dem verstorbenen Herrscher seine Familie, Frauen oder Diener in die Gruft
«mitgegeben» werden für seine Hofhaltung im Jenseits.
Die antiken Sagen erzählen von einer Unterwelt, in der
typologisch das irdische Leben weitergeht, der Krieger bleibt dort Krieger, der Künstler bleibt Künstler;
und es ist sogar Lebenden möglich, in diese Unterwelt
zu gelangen (Orpheus). Oder es gibt die dualistische
Vorstellung (ein schwarz-weiss-gemaltes Weltbild), die
auch im Christentum, in der christlichen Gnosis, weite
Verbreitung fand, dass die gute Seele im schlechten
Leib gefangen sei und mit dem leiblichen Tod befreit
und an einem konkreten Ort weiterleben würde. Ein
ähnliches rein geistiges Weiterexistieren nehmen auch
Reinkarnationsreligionen an.

Im geographischen Raum, in dem das Judentum
und das Christentum entstanden sind, kennt man die
Orientierung hin auf ein Leben nach dem Tod schon
in vorgeschichtlicher Zeit. Später, in der geschichtlich
greifbaren Zeit Ägyptens, verdeutlicht sich mit der
Gestalt des Gottes Osiris der Gedanke an eine Auferstehung, die nicht identisch ist mit der Rückkehr ins
greifbare Diesseits, sondern teilhat an einer anderen,
neuen Lebenswirklichkeit, die aber eine gewisse Kon-
tinuität zum irdischen Leben hat. Die Grabbeigaben
der Pharaonen sind deshalb oft Gebrauchsgegenstän-

de, die den Toten mitgegeben wurden, weil sie diese Dinge, die ihnen lieb waren, auch im jenseitigen Leben nicht entbehren sollten.

Die frühen Schriften des Alten Testaments jedoch sprachen über den Tod zunächst nur als Eingehen zu den Vätern, und in den ältesten Psalmenstücken heisst es trist, dass jene, die in den Staub sinken, Gott nicht mehr preisen. Psalm 30 beispielsweise bittet deshalb um Bewahrung vor dem Tod: «Zu dir, Herr, rief ich um Hilfe, ich flehte meinen Herrn um Gnade an. Ich sagte: Was nützt dir mein Blut, wenn ich begraben bin? Kann der Staub dich preisen, deine Treue verkünden?» (Verse 9 und 10). Tote sind vom Dasein und damit auch von der Beziehung zu Gott ausgeschlossen. Darum soll Gott den Beter am Leben erhalten, damit er jemanden hat, der ihn preist. Andernorts ist zwar ein Weiterleben ausdrücklich angesprochen, doch meint dies kein individuelles Weiterleben nach dem Tod, sondern ein Fortbestehen des Volkes.

Erst in exilischer und nachexilischer Zeit (etwa um das 6. Jahrhundert v. Chr.) begegnet die Vorstellung einer individuellen Totenauferweckung. Sie ist gedacht als ein Ereignis am Ende der Tage, als eine allgemeine Auferweckung. So beispielsweise in Jesaja 26,19: «Deine Toten werden leben, die Leichen stehen wieder auf; wer in der Erde liegt, wird erwachen und jubeln.» Man nimmt heute an, dass Israel den Glauben an eine

Auferstehung der Toten allmählich aus seinem Umfeld übernommen hat, was neuste Funde von Grabbeigaben von ägyptischen Amuletten im Gräberbereich von Ketef Hinnom belegen. Deutlich ausgesprochen ist dann der Auferstehungsglaube in den griechisch abgefassten Makkabäerbüchern (sie zählen zu den so genannten alttestamentlichen Spätschriften oder Apokryphen, etwa 160 v. Chr.) im Zusammenhang mit dem Martyrium der sieben makkabäischen Brüder. Der vierte dieser Brüder sagte, als er dem Ende nahe war, zum heidnischen König: «Gott hat uns die Hoffnung gegeben, dass er uns wieder auferweckt. Darauf warten wir gern, wenn wir von Menschenhand sterben. Für dich aber gibt es keine Auferstehung zum Leben» (2 Makkabäer 7,14).

Zur Zeit Jesu streiten sich nach den Zeugnissen der Evangelien zwei Parteien über das Thema der Auferstehung: Die Sadduzäer glauben nicht daran und auch nicht an die Unsterblichkeit der Seele, die Pharisäer hingegen glauben an eine Totenauferweckung. Im Streitgespräch zu diesem Thema bei Markus 12,18–27 stellen Pharisäer Jesus eine knifflige Frage, um seine Einstellung zu analysieren. Jesus antwortet zuerst, dass man das neue Leben nicht mit dem jetzigen vergleichen könne, es sei nicht einfach eine Fortsetzung des irdischen Lebens im Jenseits. Er fährt fort: «Dass aber die Toten auferstehen, habt ihr das nicht im Buch des Mose gelesen, in der Geschichte vom Dornbusch, in der Gott zu Mose spricht: Ich bin der Gott Abrahams, der Gott Isaaks und der Gott Jakobs? Er ist doch nicht ein Gott von Toten, sondern von Lebenden. Ihr irrt euch sehr.» (12,26 f.) Jesus stellt sich also auf die Seite der Pharisäer und antwortet auch ganz nach pharisäischer Art, mit Schriftzitaten aus dem Alten Testament.

Das Neue Testament spricht nach Jesu Tod – im Unterschied zu einer dualistischen Vorstellung vom Menschen und im Gegensatz zu der Vorstellung einer räumlich fassbaren Weiterexistenz – vom Tod des ganzen irdischen Menschen und von der Auferweckung des ganzen Menschen durch die schöpferische Kraft Gottes – erstmalig und deutlich im Kreuzestod und in der Auferweckung Jesu. Paulus unterscheidet in seinem berühmten 15. Kapitel des 1. Korintherbriefes den irdischen Leib (das Fleisch), der ins Grab gelegt wird, vom überirdischen Leib, der auferweckt wird und unverweslich ist (vgl. die Verse 42–44). Insofern wird schon deutlich, warum Paulus die Auferweckung Jesu nicht mit einem leeren Grab belegen muss. Für viele Menschen seiner Zeit ist das aber unverständlich. So unterbrechen die griechischen Zuhörer, die eine vom Leib getrennte Seele kennen, Paulus auf dem Athener Areopag (Apostelgeschichte 17,16–34) bei seiner Predigt über die Auferstehung von den Toten: Dieses ganzheitliche Menschenbild von untrennbarem Leib und Geist, das bis heute bestimmend für unser christliches Menschenbild ist, war vielen, die mit der ethischen Botschaft Jesu einig waren, doch zu revolutionär.

Auch die christliche Kunst hat die Auferstehung oder besser: Auferweckung Jesu in vielfältiger Weise und beredter als das kurze und vielen Gläubigen zu abstrakte biblische Zeugnis ausgemalt, im wörtlichen Sinn – so in den zahlreichen mittelalterlichen Handschriften, vor allem auch in den Stundenbüchern, aber auch in der Tafelmalerei, am eindrücklichsten gelang es vielleicht Matthias Grünewald auf der entsprechenden Tafel des Isenheimer Altares in Colmar, gemalt 1515. Hier sehen wir den Auferstandenen mit erhobenen Händen als einzigartige Lichterscheinung aus dem Sarkophag emporschweben, den Betrachter des Altares anschauend. Unten liegen die umgestürzten Soldaten, die das Grab auf Bitte der Hohepriester und Pharisäer bewachen mussten (Matthäus 27,62–66). Interessanterweise ist in der bildenden Kunst das Grab meist als römischer Sarkophag dargestellt, obwohl es in den Evangelien ausdrücklich heisst, dass es sich um ein in den Felsen hinein gehauenes Grab handelte, vor dessen Eingang ein Stein gewälzt worden war (Matthäus 27,60).

ERLÖSUNG DURCH TOD ODER AUFERSTEHUNG?

Der Glaube an die Auferweckung Jesu hat die verängstigte und zerstreute Jüngerschar nach der Katastrophe des Karfreitags wieder gesammelt und ihnen dann durch die Geistsendung an Pfingsten die Kraft gegeben, zunächst in Jerusalem, dann aber auch in der näheren Umgebung und schliesslich auch im Mittelmeerraum bis nach Rom den heilschaffenden Glauben an den gekreuzigten und auferstandenen Herrn Jesus Christus zu verkünden. Es war für sie offensichtlich nicht möglich anzunehmen, dass Gott seinen Gesalbten im Stich gelassen hatte. Vielmehr, das sagte ihr Osterglaube, stand Gott zu seinem Gesalbten und zu seiner Lebenspraxis einer befreiten und befreienden Mitmenschlichkeit. Diese Lebenspraxis aber eröffnet für den Glaubenden den Weg zu einem neuen Leben schon hier und jetzt und zur Auferstehung mit Christus, wie Paulus im Abschnitt über die Taufe im 6. Kapitel des Römerbriefes schreibt: «Sind wir nun [in der Taufe durch Untertauchen] mit Christus gestorben, so glauben wir, dass wir auch mit ihm leben werden» (Vers 8). «Ewiges Leben» ist damit aber nicht einfach ein zeitlicher Begriff, sondern ein Qualitätsbegriff. Es ist, wie das Johannesevangelium (z. B. 6,40) betont, den Glaubenden schon jetzt geschenkt: «Denn es ist der Wille meines Vater, dass alle, die den Sohn sehen und an ihn glauben, das ewige Leben haben und dass ich sie auferwecke am letzten Tag.»

Im Kapitel über die Deutung des Todes Jesu in den Evangelien wurde untersucht, welche Rolle der Kreuzestod für das Erlösungsverständnis spielt. In der Zusammenschau mit der Auferstehung wird klar, dass Tod und Auferstehung nicht voneinander trennbar sind, wie dies manche theologischen Konstruktionen versuchen. Wie bereits im Alten Testament Gericht und Heil untrennbar miteinander verbunden sind, gilt auch für die Verkündigung der Kirche, dass der Wille Gottes Heil für die Menschen bedeutet. Sie sollen erkennen, dass Gott sie vom Tod zum Leben führen kann. Ein Aufrechnen von Sünde und Schuld, wie es die lateinische Tradition in der Vergangenheit sehr stark betont hat, kann sich nicht unbedingt auf Jesus berufen. Die Konzeption einer Wiedergutmachung der Beleidigung Gottes, die besonders in germanischen Philosophien wurzelt, droht Gott klein zu machen und ihn auf menschliche Kategorien zu beschränken. Theologisch sinnvoll ist letztlich nur eine Verkündigung, die sich auf die gesamte Menschwerdung Jesu stützt und seine Lehre, seine Taten, sein Leiden und Auferwecktwerden als zusammenhängende Offenbarung seines Gottes erkennt, der auch unser Gott ist. Darin besteht der Kern der Verkündigung: Gott ermöglicht uns durch Jesus eine neue Qualität des Menschseins.